智能化财务在企业的应用研究

戴 昕◎著

吉林大学出版社

·长春·

图书在版编目（CIP）数据

智能化财务在企业的应用研究 / 戴昕著 . -- 长春：吉林大学出版社 , 2023.6
　　ISBN 978-7-5768-1866-6

　　Ⅰ . ①智… Ⅱ . ①戴… Ⅲ . ①智能技术—应用—企业管理—财务管理—研究 Ⅳ . ① F275-39

　　中国国家版本馆 CIP 数据核字 (2023) 第 133213 号

书　　名	智能化财务在企业的应用研究 ZHINENGHUA CAIWU ZAI QIYE DE YINGYONG YANJIU
作　　者	戴　昕　著
策划编辑	殷丽爽
责任编辑	殷丽爽
责任校对	李适存
装帧设计	守正文化
出版发行	吉林大学出版社
社　　址	长春市人民大街 4059 号
邮政编码	130021
发行电话	0431-89580028/29/21
网　　址	http://www.jlup.com.cn
电子邮箱	jldxcbs@sina.com
印　　刷	天津和萱印刷有限公司
开　　本	787mm×1092mm　1/16
印　　张	11.75
字　　数	200 千字
版　　次	2024 年 1 月　第 1 版
印　　次	2024 年 1 月　第 1 次
书　　号	ISBN 978-7-5768-1866-6
定　　价	72.00 元

版权所有　　翻印必究

作者简介

戴昕 女，1978年10月出生，江苏省徐州市人，毕业于南京大学，本科学历，硕士学位，现任徐州工程学院任金融学院财务管理教研室主任，副教授。研究方向：实体经济融资、企业智能财务应用等。主持并完成江苏省、徐州市多项科研课题，发表论文三十余篇。

前　言

　　在经济全球化不断发展、企业管理新制度层出不穷的大背景下，市场金融化的进程也在不断推进，为财务理论的成功实践提供了广阔的展示舞台，使得企业财务在挑战性、创造力等方面比以往任何一个时期表现得都要强很多。人们越来越熟悉价值管理理念的具体内容，并不断更新着财务管理理论及其应用方法。在市场竞争态势不断激烈化的今天，理财行为的成功与否，直接决定着一个企业的生存状态，也决定这个企业能否在发展过程中有所收获。而理财行为是否有效与财务理论和方法的研究不可分离。因此，尽管企业财务学是一门年轻的学科，但是对财务学知识的学习已经成为我们经济生活中不可或缺的内容。21世纪必然是以企业财务为核心的管理时代，财务理论的发展也必将进入一个新的时期。

　　在财务管理智能化过程中，计算机技术能够替代一些基本的核算工作。同时，财务管理智能化能够优化财务管理工作，从原本繁杂的财务管理中获取基本的数据和工作模式，实现智能化，减少企业的成本投入，提高财务管理的质量。智能化的财务管理可以及时监控企业的财务风险，规避基本的风险问题。财务管理智能化的基本模式是固定的，所以在正常运行下能够实现财务管理的低成本化和标准化。在市场竞争环境发生变化的时候，财务管理智能化不仅可以在工作程序方面有效调整，还可以填补财政管理工作的功能空白。

　　现代信息技术对企业财务会计产生着巨大、深远的影响，改变了传统企业财务会计工作效率低、工作质量差的态势。此外，现代企业拥有更加先进的内外部环境，财务会计需要完成的工作量也越来越大，通过现代信息技术可以有效提高会计质量和工作效率。财务人员具备较高的信息化技术水平，并且能够将信息化技术运用于各项财务智能化管理和经济发展管理工作，不仅是实现智能化、信息化发展的基础，也是财务管理信息化工作顺利开展的保障。传统的财务工作并不要求财务人员具备高超的信息技术，这就导致财务人员很难适应企业财务管理的信息化建设。所以，想要掌握现代信息技术，财务人员要不断提高自身的信息技术水平。

本书共分五章。第一章为企业财务管理，包括企业财务管理的概念、企业财务管理目标与金融市场、企业财务管理的价值观念三方面的内容。第二章为智能化财务概述，主要介绍了三个方面的内容，依次是人工智能概述、智能化财务促使财务转型的新技术、智能化财务管理新逻辑。第三章内容为企业财务智能化转型，分别阐述了财务共享服务转型、企业司库转型、财会人员转型。第四章为企业财务智能化规划，提出了构建财务信息系统、建设智能化财务决策支持系统。第五章为企业财务智能化创新，主要介绍了四个方面的内容，分别是战略财务创新、专业财务创新、业务财务创新以及共享服务创新。

本书力求做到理论与实践的有机结合，体现最新的研究方向和成果。

在成书的过程中，笔者受到学院领导及同人的大力支持和帮助，他们提供了很多资料以及有价值的观点和意见；此外，笔者参考了大量的文献，并引用部分专家和学者的观点，在此一并表示感谢。由于笔者写作水平有限，书中难免有疏漏和不妥之处，还望广大读者批评指正。

戴昕
2022 年 10 月

目 录

第一章 企业财务管理 ... 1
    第一节 企业财务管理概述 ... 1
    第二节 企业财务管理目标与金融市场 ... 17
    第三节 企业财务管理的价值观念 ... 33

第二章 智能化财务概述 ... 39
    第一节 人工智能概述 ... 39
    第二节 智能化财务促使财务转型的新技术 ... 47
    第三节 智能化财务管理新逻辑 ... 55

第三章 企业财务智能化转型 ... 61
    第一节 财务共享服务转型 ... 61
    第二节 企业司库转型 ... 75
    第三节 财会人员转型 ... 92

第四章 企业财务智能化规划 ... 105
    第一节 构建财务信息系统 ... 105
    第二节 建设智能化财务决策支持系统 ... 113

第五章　企业财务智能化创新 …………………………………………… 120
　　第一节　战略财务创新 ………………………………………… 120
　　第二节　专业财务创新 ………………………………………… 137
　　第三节　业务财务创新 ………………………………………… 152
　　第四节　共享服务创新 ………………………………………… 160

参考文献 …………………………………………………………………… 177

第一章　企业财务管理

在现代经济体系中，财务十分重要。如果处理不好本金投入收益活动的组织及其所产生的财务关系，社会主义市场经济活动就无法正常运转。本章主要介绍企业财务管理，主要从企业财务管理的概念、企业财务管理目标与金融市场、企业财务管理的价值观念三个方面进行阐述。

第一节　企业财务管理概述

财务是国民经济各部门、各单位在物质资料再生产过程中客观存在的资金运动及资金运动过程中所体现的经济关系。从广义上来讲，财务包括宏观、中观和微观三个层次。在宏观层面上，财务主要是通过政府财政和金融市场进行的现金资源的配置。其中，现金资源的财政配置属于财政学的范畴，现金资源的市场配置通过金融市场和金融中介来完成。在中观层面上，财务对现金资源再配置表现为现金资源的所有者的投资行为，属于投资学的范畴。投资学研究投资目的、投资工具、投资对象、投资策略等问题。投资机构为投资者提供投资分析、投资咨询、投资组合、代理投资等服务。在微观层面上，企业筹集、配置、运用现金资源开展营利性经济活动，为企业创造价值并对创造的价值进行合理分配，形成企业的财务管理活动。从狭义上讲，我们可以将财务理解为一种企业财务活动，具体而言指的是企业再生产过程中的资金运动和相应的企业财务关系，即企业资金运动所形成的经济关系。本书的财务主要是指狭义上的企业财务。

企业财务管理是在一定的整体目标下，关于资产的购置（投资）、资本的融通（筹资）和经营中现金流量（营运资金），以及利润分配的管理。作为企业管理的重要组成部分，财务管理根据财经法规制度，按照财务管理原则，对企业的财务活动进行组织，并对财务关系进行处理。

综上所述，我们可以认为企业财务就是企业的生产经营过程中所客观存在的资金活动与相应的经济利益之间的关系，包括财务活动和财务关系。其中，财务管理本身具备综合性，主要用于处理企业财务活动和各种财务关系。

一、企业财务管理的基本内容

财务管理的内容由财务管理的对象所决定，它是财务管理的具象化表现。由于企业的生产过程中的资金活动是财务管理的对象，财务管理的内容也就是企业资金活动的各方面内容。资金活动的具体表现通常有：资金的筹措、资金的使用、利润的分配以及日常资金的营运等四个方面。通常将这四方面称为财务管理的基本内容。

（一）筹资管理

企业以满足投资资金为目标而对资金进行筹集、集中的操作，就是筹资。企业的经营活动必须以一定的资金为前提。从这个意义上讲，筹资管理是企业财务管理的一个重要环节。企业从各种渠道以各种形式筹集资金是资金运动的起点。筹资管理贯穿企业发展的始终，无论是企业创立之时，还是在企业打开规模之际，乃至在日常经营之中都要积极筹集资金。

按筹资的来源不同，可将融入的资金划分为权益资金和债务资金两大类。权益资金，指的是企业通过吸收直接投资、发行股票、企业内部存留收益等方式筹集的资金；债务资金，指的是企业通过向银行借款、发行债券、利用商业信用等方式筹集的资金。企业筹集资金表现为企业资金的流入。企业偿还借款、支付股息、支付股利以及付出各种筹资费用等，则表现为企业资金的流出。

（二）投资管理

投资是指投资主体为取得收益而将资金投放于某一特定对象的行为。投资管理是企业财务管理的又一重要环节，投资决策的成败对企业经营成败具有决定性影响。投资按回收期长短可以分为短期投资和长期投资。短期投资是指回收期在一年以内的投资，主要指对货币资金、应收账款、存货、短期有价证券等的投资。

长期投资是指投资回收期在一年以上的投资，主要是指固定资产投资、无形资产投资、对外长期投资等。投资按对象可以分为对内投资和对外投资。对内投资是指把资金投放于企业范围内的投资；对外投资是指把资金投放于本企业以外的其他单位的投资。

（三）营运资金管理

营运资金是指为满足企业日常经营活动所需要的资金，由流动资产和流动负债构成。营运资金管理的基本任务是短期资金的筹措和提高短期资金周转效率。基本目标是通过有效地进行资金的日常调度和调剂，合理地配置资金，以提高资金使用效率，增强短期资金的流动性。

营运资金管理的主要内容包括：

①合理规划流动资产与流动负债之间的比例关系，以保障企业具备足够水平的短期偿债能力。

②加强流动资产管理，提高流动资产周转率，改善企业财务状况。

③优化流动资产、流动负债的内部结构，以使企业短期资金周转得以顺利进行和短期信用能力得以维持。

（四）利润分配管理

企业销售产品取得收入，在支付各种成本费用和扣除各种税金后即为企业利润，形成企业分配的基本来源。企业实现利润，就要缴纳相应的所得税，并合理规划税后利润。分配与未分配的结果集中反映在净资产中的留存收益各个项目上，这些资产或新增资本又形成了企业新的资金来源。

在利润分配活动过程中，资金可以退出，也可以在企业内部留存，无论前者还是后者，都会对企业的资金活动产生影响，具体来说，不仅会影响资金运动的规模，也会影响包括筹资结构在内的资金运动的结构。因此，如何合理确定分配规模和分配方式，这关系到企业的长期发展战略。

企业进行利润分配管理，需要在盈利后规划向股东发放和留存于公司当作资本的利润比例。进行分配时，既要考虑股东近期利益的要求，定期发放一定比例的股利，又要考虑公司的长远发展，留下一定的利润作为留存收益。收益分配管理实质是内部融资管理。因此，收益分配管理是筹资管理的一个组成部分，但由于其重要性，单独设立为一部分。

以上财务管理的四个方面，不是互相割裂的，而是互相依存、有机联系的。既互相联系又有一定区别的四个方面构成了企业财务管理的基本内容。财务管理人员必须将这四个方面加以综合地分析、考虑、统筹安排，才能取得财务管理的良好效果。

二、企业的财务管理特征

第一，企业的经营活动与资产密不可分，这里的"资产"包括但不限于非流动资产（建筑物、设备、各种设施）、流动资产（存货、现金、应收账款），其分别对应着不同的资金。企业可以将部分经营所得转化为再投资，或者通过发行股票、发行债券、向金融机构借贷等多种方式进行资金筹集。在这个过程中，企业内部相关的财务管理人员要根据具体情况规划筹资流程，最大限度地缩减企业筹资，这样才能最大化地发挥资本效益、提升企业价值。

第二，对于企业而言，其资本的有效运用以及投资项目，涉及实物资产、技术、人力资源等方面的投入与产出，以及资金运用的效益、投资收益与成本之间的关系和控制风险的效果。企业的投资决策会对企业未来的现金流、企业资产的增值幅度都产生直接影响。所以，在财务管理中，投资决策也占据相当重要的位置。

第三，企业的外部环境时刻影响着其所有的财务活动。对于企业的财务管理决策而言，国家的经济发展周期、政府的财政政策力度都是必须考量的发展因素，而企业财务人员需要时刻掌握企业筹资的金融市场和利率等方面的实时状况。财务管理在企业和资本市场之间、企业和国家宏观财税政策之间的桥梁和资金转换作用是显而易见的。财务管理就是寻求在一定的外部环境下，使企业资金合理运用。这就需要在企业的需求与收益、成本与风险之间作出衡量，使股东财富最大化。

三、企业财务管理的原则

在市场经济日益发展的环境下,企业面临着广泛的资金运动和复杂的财务关系,需要正确地加以组织和处理。组织财务活动、处理财务关系是企业财务管理的实践产物,它不仅是财务管理应该秉持的原则,也是约束财务活动的行为规范与基本准则。财务管理的原则有以下几个方面:

(一)预见性原则

预见性原则是指企业在调查研究的基础上,根据已掌握的资料,运用科学的方法对未来的财务活动发展趋势和财务成果进行分析和预决算的原则。

遵循预见性原则,可以为企业生产经营决策和其他财务决策提供依据。企业在进行市场调查、市场预测的基础上,根据国家的有关方针政策及理财环境,对产品产量进行预测后,做好资金、成本、利润、现金流量、投资回收期等方面的财务预测,从而保证企业的生产经营活动取得最佳经济效益,以及为选择投资效果最好的项目提供依据。

加强企业财务的预见性,是编制企业财务预算的重要依据。企业要编制出符合实际、切实可行的财务预测,就必须对影响财务预算的各种因素进行分析和判断,预算期内拟定各种增产节约措施,并进行论证和评价。这样,才能为编制财务预算提供可靠依据。

加强企业财务的预见性,是搞好财务管理所必需的基础工作。通过预测,使企业能正确安排筹资的数量和时间,寻找合适的资金来源,保证企业生产经营的正常进行。

(二)资金结构优化原则

通常情况下,资金合理配置用于形容以资金活动的组织调节为主要方式协调各种资源的结构与比例,使其达到最佳状态的做法。一个企业想要保证自身经营持续而又高效,就必须对资金进行合理配置。一方面,企业物质资源的配置情况能够反映企业的资金运用状况;另一方面,企业的资金结构可以将物质资源的配置情况呈现出来。

企业资金结构关系可以表现为两点：第一点，资金占用，包括对外投资和对内投资的构成比例、固定资产与流动资产的构成比例、有形资产与无形资产的构成比例、货币性资产与非货币性资产的构成比例（材料、在产品、产成品等方面的构成比例）；第二点，资金来源，包括有债资金和自有资金的构成比例、长期负债和短期负债的构成比例。无论哪种比例，互相之间都保持着相应的联系。

合理的资金结构，能保证企业生产经营活动顺利进行，从而获得最佳的经济效益。若企业不优先保证内部业务的资金需求量，而把资金大量用于对外长期投资，则企业主营业务开展必然受到影响。如企业长期资金和短期资金比例失调，则将造成设备闲置、生产能力剩余或资金周转不畅、短期支付能力削弱的不良后果。因此，企业在筹集资金时，应适当安排自有资金的比例，正确进行负债经营，既要发挥负债经营的积极作用，又要避免可能产生的债务风险；在运用资金时，必须根据生产经营需要来合理配置长期资金和短期资金。从上述情况可知，优化资金结构是企业财务管理中的一项基本要求。

（三）收支平衡原则

保持资金的协调平衡，是企业财务管理工作的一个基本环节。当企业取得资金收入时，资金循环结束；当企业支出资金时，新的资金循环开启。由此看来，可以将资金的收支视作资金周转的枢纽。保证资金稳定周转，关键在于平衡资金收支特定时段内的总量，并保证每一个时间点都处于协调状态。

资金收支平衡与否，主要在于企业购产销活动的平衡程度。在坚持生产流通统一，让购产销之间互相联通、互相协调的基础上，企业的资金才能够正常地运转。所以，为保证资金平衡，企业需要采取正向方法。第一，开源节流，增加收入而减少支出。增加收入意味着提高经济效益，减少支出意味着尽量削减不必要的支出，从而保证具备决定性作用的支出稳定充足。第二，以短期筹资、投资等方式调节资金余额。当资金入不敷出时，企业有必要通过借款、短期债券等方法加以干预；当资金收入超过支出时，不仅要归还部分债务，还要进行短期证券投资。对于资金收支平衡，不仅要量入为出，也要量出为入，从而为决定性生产经营提供资金保障。

（四）成本效益原则

将经济效益最大化作为理财目标，这是我国经济建设方针所决定的。企业经济效益主要通过财务指标如资金、成本、收入等表现出来。用这些指标进行财务分析，可以考察一个企业经济效益的好坏。所谓成本效益原则，指的是分析经济活动对应的消耗与收益，分析经济行为的得与失，寻求成本与收益配比最优化，实现盈利的最大化。

注重经济效益，需要通过最少的劳动垫支和劳动消耗，创造出最多的劳动成果，以适应社会日益更新的物质文化需求。在社会主义市场经济条件下，这种劳动占用、劳动消耗和劳动成果的计算和比较，是通过以货币表现的财务指标来进行的。从总体上来看，劳动占用、劳动消耗的货币表现是资金占用和成本费用，劳动成果的货币表现是营业收入和利润。

在筹集资金过程中，企业需要对比分析资金成本率和息税前资金利润率；在进行投资决策时，企业需要对比分析投资额和各期投资收益额；在进行日常生产经营时，企业需要对比分析营业成本和营业收入。可以说，企业所有成本费用的最终目标都是企业收益，所以企业可以根据成本费用和收益进行比较，并衡量经济行为的得与失，使得成本与收益之间达到最优化的协调关系，让企业最大限度地获得收益。

（五）收益风险均衡原则

任何企业财务管理工作，都伴随一定的风险和不确定性，在如今市场竞争日益激烈的情况下，这种规律愈发明显。财务活动的风险，是指企业的预期财务成果所暗含的不确定性，而这种风险是客观存在的，也是企业无法规避的。收益风险均衡原则，指的是在面对任意一项财务管理活动时，企业都需要对其安全性、不确定性进行考量，片面地考虑收益而忽视可能的损失是不可取的。企业需要尽可能地平衡风险和收益，并以此为基础规划行动方案，秉持趋利避害的原则实施财务管理活动，大力提高整体收益。

风险，是人们在取得收益的过程中很有可能出现的。对于财务活动而言，低风险意味着低收益，高风险往往与高收益挂钩。当企业进行流动资产管理时，较多的现金能够帮助企业偿还更多的债务，并降低债务风险。银行存款利息低会导致企业无法从库存现金上获得满意的收益。企业在进行筹资过程中，发行债券能够固定债券利息，并在成本费用中列支，从而对企业盈利产生更低的影响，也能提高资金利润率。然而，在这种情况下，企业需要定期付本还息，对应的风险很高。而在同样的情况下，企业发行股票，如果出现亏损，股东以其认购的股份为限承担责任，企业无需承担高风险。由此看来，投资者和受资者都需要协调收益与风险，高风险对应高收益。不管市场状况如何变化，企业都要全面、仔细地分析决策项目的风险与收益，并研究出最佳方案，合理调配风险大、收益高的项目与风险小、收益低的项目，降低风险聚集程度，平衡风险与收益之间的关系，力求在降低风险的前提下既获得高收益，又可以将风险转化为发展机遇。

（六）利益关系协调原则

利益关系协调原则，指的是在组织实施管理过程中，对外，企业要对国家、投资人、债权人、经营者、劳动者等多方群体的经济利益与合法权益进行协调；对内，企业要协调企业内部各个部门之间、各个单位之间的经济利益关系。

企业在组织财务活动中，要从国家大局出发，贯彻执行企业财务通则、企业财务制度和国家有关法律法规，处理好各方面的经济关系。对投资者要做到资本保全，并合理安排分配红利与提取盈余公积金的关系；对债权人要按期还本付息；各企业之间要实行等价交换原则，促使各方认真履行经济合同，维护各方物质利益；对企业各部门、各单位要运用各种结算手段划清经济责任和经济利益；企业和职工之间，要实行按劳分配原则，把职工的收入和劳动成果联系起来。要处理各种经济利益关系，遵守国家法律，认真执行国家政策，保障有关各方应得的利益；要处理好个人利益和集体利益、局部利益和全局利益、眼前利益和长远利益之间的关系。处理物质利益关系时，要加强思想政治工作，提倡顾全大局，防止本位主义、极端个人主义。

四、企业财务管理的程序

企业财务管理环境是根据财务管理工作的程序及各部分间的内在关系划分

的。分为财务预测与规划、财务决策、财务控制和财务分析,财务管理的各个环节相互连接,形成财务管理工作的完整过程,被称为财务管理程序。

(一)财务预测与规划

财务预测,指的是从财务活动的历史信息与现实状况出发,对企业将要实施的财务活动和财务成果进行科学预测、科学决算。在现代财务管理中,把握好财务预测,可以明确公司的未来发展方向。企业通过财务预测,一方面,可以对各项生产经营方案产生的经济效益进行测算,并为决策提供可靠依据;另一方面,可以对财务收支的发展变化进行测算,明确经营目标。此外,财务预测还可以帮助企业制定各项定额和标准,以及编制各种计划、分解各种计划指标。财务预测的具体步骤为明确预测对象和目标、收集整理各种信息、构建预测模型、明确财务预测成果。

财务规划是在充分考虑营业收入增长的投资需求,结合融资保障能力前提下,对企业未来财务活动作出的整体性决策和科学判断。财务规划的基础和前提是进行财务预测,即财务规划是在对未来期间营业收入、资产、负债、权益等变化趋势下,在未来因素预测的基础上进行的科学规划。财务预测与规划可以为企业经济效益增长建立指南。

(二)财务决策

财务决策指的是按照企业经营战略的要求和国家宏观经济政策,以提高企业整体经济效益为理财目标,从多个财务活动方案里选出最佳方案的过程,由于这个过程对财务方案、财务政策进行筛选和抉择,财务决策又被称作短期财务决策。企业采取财务决策手段,主要是为了选择效果最优、可行性高的财务方案,以保证财务活动收获满意的结果,帮助企业实现财务管理目标。在如今的市场经济背景下,财务决策是财务管理的核心。企业以财务预测为基础进行财务决策,能够制定更加合理的财务计划,也能够加大对财务的控制力度。对于企业而言,决策成功与否关乎企业的发展好坏。财务决策的工作步骤分别为明确决策目标、拟定备选方案、规划最优方案。

（三）财务控制

在生产经营活动中，财务控制通过计划任务和各项定额，核算资金在收入、支出、占用、耗费等方面的日常状况，并调节企业内部各单位的财务活动，从而服务于财务目标的实现与企业整体经济效益的提高。对于企业计划任务的落实与企业目标的实现，财务控制是有效手段。

想要适应管理量化的需求，在进行财务控制需要注意以下几点：①要制定控制标准，分解落实责任；②要及时清除执行差异；③要根据单位业绩制定考核奖惩机制。

（四）财务分析

财务分析以核算资料为基础，能够帮助企业研究财务活动的整体过程、衡量计划完成进度、明确影响计划的执行因素、发挥企业潜能，并为企业提供改进策略。也就是说，企业可以通过财务分析获得各项财务计划的进行情况，以便进行下一步的财务预测、财务决策、财务计划等工作，也可以进行反思总结、温故知新，根据发掘的财务活动规律改善财务管理工作。企业财务人员的工作之一就是通过财务分析提升自我，提高业务能力。财务分析的流程为：首先，收集信息，把握实际情况；其次，根据指标明确矛盾；再次，通过分析各种因素，明确责任；最后，提出改进策略，优化工作。

上述各个管理环节相互配合、相辅相成，共同构成循环往复的财务管理过程，进而构建较为成熟的财务管理工作体系。

五、企业财务管理的环境

企业财务管理环境指的是影响企业财务活动进展的各种要素。可以说，企业财务管理环境为企业财务管理提供了运行舞台，并时刻约束着企业财务活动的进行。企业想要制定财务决策、财务策略，必须对财务环境进行考量，包括企业内外的生产、供销、技术、物价水平、市场、金融状况、税收水平等。企业成本的持续上升，利润的急剧下降，资金占用的急速增加，支付能力的严重减弱，往往与理财环境的变化有着千丝万缕的联系。因此，进行财务管理必须以理财环境为依据，正确制定理财策略。

在高度集中的计划经济体制下，企业的理财环境是封闭、稳定的。例如，资金来源渠道单一、国有资金无偿占用、银行利率很少变化、购销关系比较固定、价格稳定、税种单一、企业基本上没有留存收益等等。因此，企业财务管理在稳定不变的条件下按统一安排的计划来进行，对理财环境很少研究。在社会主义市场经济体制下，企业的理财环境开放、活跃。同时，现在的企业理财环境错综复杂，变化迅速。研究理财环境的任务在于：在厘清企业财务管理的环境状况后，对有利条件加以把握，对不利条件加以规避，能够保证企业财务决策顺利商讨，并提高财务工作在适应环境、对环境变化加以应对、对环境加以利用等方面的水平，从而推动企业财务管理目标的实现。

（一）企业财务管理的宏观环境

财务管理的宏观环境，是指宏观范围内普遍作用于各个部门、各地区、各类企业财务管理活动的条件。无论是社会经济的变化、市场的变动还是经济政策的调整、国际经济形势的变化，对企业财务活动都有着直接或间接的影响。

财务管理的宏观环境，包括经济、政治、社会、自然条件等因素。从经济角度看，主要有以下几个方面：

1. 经济形势和经济政策

对于企业的生产经营和财务活动来说，国家经济发展规划、产业政策、经济体制的改革策略、相关财务法律法规，都会对其产生深远影响。

国家的各项经济政策都是用以促进国民经济发展的，但是对于不同地区、不同行业规定有倾斜政策、优惠措施，国家宏观指导对企业经济行为的不同规定，以体现不同的经济利益。所以，财务决策必须以国家的经济政策为导向，按照趋利避害的方向发展。做到既有利于国民经济的发展，又有利于增强企业自身的经济实力。

2. 财政税收政策和制度

国家财政是国有企业原始投资和技术改造拨款的重要来源，各种企业的纯收入大部分以税金方式缴纳给国家。国家的财政状况和财政政策,对于企业资金供应和税收负担有着重要的影响。当国家开发项目增多、财政紧张,需要调整拨款、扩大税源时,企业就应控制投资规模,增收节支,约束自我。国家各种税收的设置、税率的调整,具有调节生产经营的作用。企业财务人员应当熟悉国家税收法律、法规,不但要懂得各种税种的计征范围、计征依据,而且要了解税率的制定、减免税的规定,自觉地按照税法进行经营活动和财务活动。

(二)企业财务管理的微观环境

企业财务管理的微观环境是存在于一定范围内对财务活动产生重要影响的各种条件。微观环境通常与企业内部条件有关。企业财务活动的状况和成果与企业的组织结构、生产经营活动、管理工作有着密切的联系。企业经济效益的高低是企业各项活动质量的综合反映。脱离企业内部条件,要搞好财务工作是不可能的。研究企业内部条件,就是要弄清企业自身的生产经营特点、优势和劣势,分析造成这种情况的原因,从宏观环境出发规划企业理财策略和工作。我们可以从以下几个方面解读企业财务管理的微观环境。

1. 企业的经济成分、经营方式和组织形式

企业的经济成分多种多样,有全民所有、集体所有;有个体经营、私人经营;有中外合资经营、中外合作经营和外商独资经营。不同经济成分的企业,其资金来源和分配有着显著的区别。由于企业的财务制度不尽相同,国家采取的税收、价格政策也有一定差别。组织财务管理必须根据企业经济成分的特点来筹集资金、投放资金、分配收益,处理各方面的财务关系。企业的经营方式有承包经营、租赁经营、股份制经营。不同的经营方式对于企业的资金来源、筹资方式、利润分配办法、财务管理办法也有很大的影响。企业的组织形式,就工业企业而言,有单厂型企业和多厂型企业。单厂型企业是指一个工厂就是一个企业,一个法人单位;多厂型企业,是指一个企业是由多个工厂组成的,它是按照专业化协作和经济合理的原则,把许多生产技术和经营业务上有密切联系的工厂组织在一起的企业性公司,是一个法人单位。企业的组织形式在不同程度上影响着企业内部财务管理体制。

2. 销售环境

销售环境反映企业商品在销售市场上的竞争程度，影响企业商品在市场上的竞争程度，分为参加交易的生产者及消费者的数量和参加交易的商品差异程度两个因素。企业所处的销售环境按竞争程度可分为四种：

（1）完全竞争市场

这种市场生产者、消费者众多，但都不能控制市场价格，商品差异不大。

（2）不完全竞争市场

在这种市场中，同一商品多个厂家生产，但型号、规格、质量、档次有较大差异，名牌厂家可在一定程度上影响销售市场。

（3）寡头垄断市场

这是由少数厂家控制的市场。这些厂家对供应数量、销售价格起着举足轻重的作用。

（4）完全垄断市场

完全垄断市场又称独占市场。某些关系到国计民生或具有战略意义的行业，由政府组成企业或实行专卖。这种独家经营的企业，可在国家宏观指导下决定商品的数量和价格。

销售环境对企业财务管理具有重要影响。面对完全竞争市场的企业，因价格和销售量容易出现波动，风险大，利用债务资金要慎重；面对完全垄断市场的企业，价格波动不大，利润稳定，风险较小，资金占用量相对较少，可较多地利用债务资金；面对不完全竞争市场和寡头垄断市场的企业，要搞出产品特色，创出名牌，加强售后服务，应在开发、科研、宣传、推销上投入较多的资金。

3. 采购环境

采购环境指的是与企业所采购物资的数量和价格相关的条件。

企业进行采购物资面临的环境，可分为稳定的采购环境和波动的采购环境。前者材料资源相对比较充足，运输条件比较正常，能保证生产经营需要。企业可以少储备，勤采购，不过多占用资金。后者物资相对比较紧缺，运输不是很正常，有时不能如期供货。因此，企业要设置物资保险储备，这样就需要占用较多的资金。

根据采购价格的变动趋势，采购环境有价格可能上升、价格平稳、价格可能下降等类型。对价格看涨的物资，企业通常要提前进货，投放较多资金；面对平稳的采购环境，企业可根据消耗量和仓储能力，做到有计划地采购，尽量节约资金占用；面对价格看落的物资，可在保证生产需要的情况下推迟采购，节约资金。

4. 生产环境

生产环境是指由人力资源、物质资源、技术资源构成的生产条件和企业产品的寿命周期。

从生产条件看，企业可划分为劳动密集型、技术密集型、资源密集型企业。劳动密集型企业具备所需工资费用多、长期资金占用较少等特点；技术密集型企业对先进设备的数量有要求，但所需人力不多，较多的长期资金是这种企业长期开展的基础；资源密集型企业具备较长的资金回收期，因为这种企业用于勘探、开发等方面的资金投入较大。从企业产品的寿命周期看，产品寿命周期通常分为投入期（试销期）、成长期、成熟期、衰退期等四个阶段。不同寿命的周期，收入多少，成本高低，收益大小，资金周转快慢，都有较大差别。企业进行财务决策，不仅要针对企业现时所处的阶段采取适当措施，而且要瞻前顾后，有预见性地进行投资，使企业的产品生产经营不断更新换代，经常保持旺盛的生命力。

六、企业财务管理的组织

企业财务管理工作的组织，是指企业财务管理运行的组织制度、组织形式、方法体系和组织原则。主要包括：企业财务管理的法规制度、企业财务管理体制和企业财务管理机构。企业财务管理法规制度是一种法定文件，主要用于为企业财务行为提供规范、协调企业与其余各方之间的财务关系。企业财务管理法规制度的建设，应当按照建立社会主义市场经济体制和完善企业经营机制的基本要求来进行，并保证适应现代经济需求，使得产权更加清晰、权责更加明确、管理更加科学、政企更加分明。

（一）企业的财务管理体制

企业财务管理体制，就是确定企业同各方面的财务关系的制度，它的实质是确定企业同各方面的财务权限。要做好财务管理工作,必须建立和完善企业财务管理体制。

在建立社会主义市场经济机制的同时,要保证企业能够融入市场,以商品生产、经营单位的身份进行自主经营、自负盈亏、自我发展、自我约束,既独立享有民事权利,又要承担民事义务。企业财务应该根据新的优势和要求,建立国家与企业间的财务管理体制和企业内部的财务管理体制。

1. 国家与企业间的财务管理体制

国家与企业间的财务管理体制应按以下原则建立:

第一,统一政策法规、制度与分级管理。按照现代企业管理体制的框架,在财务管理上,企业既能公平竞争,充满活力,正常发展,又能活而不乱,不偏离国家的政策导向。国家对国有企业以及集体企业、私营企业、外高投资企业的财务活动制定了统一的政策、法规和制度,包括财政税收,国有资产管理的法律、法规和《企业财务通则》《企业会计准则》,各种财务、会计制度等。对国家统一制定的政策、法规和主要制度,企业财务人员必须严格遵守和执行,如有违反,将承担经济和法律责任。

第二,财务自主权同财务责任、经济利益相联系。拥有企业的财务自主权,企业财务管理体制才能长久运转。国家在赋予企业财务权力的同时,也规定了相应的财务责任,企业财务管理人员都必须全面履行。

企业管理在拥有权利、承担责任的同时,也享有相应的经济利益。在国家给予企业的各项自主权中,每项都规定了相应的经济利益。这样,既重视企业财务自主权,又将财务责任和经济利益密切联系在一起,把权、责、利三者结合起来,这样才能保证财务管理体制紧跟企业生产发展的脚步,并扩大财务管理的发挥空间,让国家、企业、职工利益都得到相应保障。

第三,企业财务管理体制必须与财政、税收和信贷等管理体制相适应。企业财务管理体制并非独立存在,它同政府管理部门、各系统有紧密联系。这些部门有财政、税务、信贷、价格、劳动、计划等部门,其中财政税收管理部门尤为重要。企业财务管理体制,必须与之相适应。

企业财务管理体制同政府各部门管理体制相适应，可以使企业财务更好地同政府各部门建立新型的财务关系，使企业财务更好地发挥作用。

2. 企业内部的财务管理体制

企业内部的财务管理体制，指的是规定企业内部各项财务活动的运行方式，确定企业内部各级、各部门之间，各个管理环节之间，以及企业与职工之间的财务关系和责、权、利方面相互关系的制度。企业内部的财务管理体制应按以下原则建立：

第一，与国家对企业的财务管理体制相适应。国家对企业的财务管理体制是企业总体权限和责任、利益的划分，它统辖和制约着企业内部的财务管理体制。企业应根据国家对企业的财务管理体制，结合自身的规模，根据财务管理基础的具体情况，制定内部财务管理体制。只有这样，才能保证企业总体财务管理权力和责任的实现。

第二，统一领导和分级管理。企业内部的财务政策、对外经济往来、经济指标的划分、对上承担的义务等应由企业统一领导和统一政策来付诸实现。统一领导的目的是使企业管理体系中的企业政策和命令易于协调、统一贯彻。在统一领导的前提下，应对各层次和各环节承担的权利、责任实行分级管理，以调动企业内部各部门、各环节参与管理的积极性。

第三，分清责任，提高效益。制定企业内部的财务管理体制，首先应本着分清经济责任的要求来设计。要将各部门、各环节的工作成果和价值消耗联系起来，分清应承担的经济责任范围和责任目标。在分清责任的基础上，才能确定各自的经济权利和经济利益。在制定企业内部管理体制时，对管理人员、管理目标、管理形式和管理程序的确定，应本着精简、高效的原则，抓住主要矛盾，使财务管理工作切实可行，使管理者和职工群众易于接受。

在实行企业内部经济核算制和经营责任制的条件下，要建立和完善以下制度：资金控制制度、收支管理制度、内部结算制度、物质奖励制度。

（二）企业财务管理机构

财务管理机构是企业组织财务活动的主要条件，企业财务管理机构的设置与企业规模大小、社会经济发展水平、经济管理体制有密切的联系。

目前，我国企业财务管理机构的一般形式主要有两种：

1. 传统的财务管理体制

这种管理形式是将财务和会计管理两个机构合并在一起。企业一般设一个财会科室，由总会计师或主管经济的副厂长（副经理）来领导财务和会计两方面的管理工作。财务与会计机构合并设置的模式是同传统的管理体制相适应的。在高度集中的计划经济体制下，企业的财务管理主要从属于国家财政。企业财务管理主要职能如筹集资金、投资、利润分配等都由国家财政部门和企业主管部门包揽。企业没有财务管理的决策权，财务管理无足轻重，一些财务活动、业务手续在进行会计核算中可顺便完成。因此，财务管理机构不必独立设置。

2. 财务和会计分别设置管理机构

随着社会主义市场经济体制的建立，企业逐步成为自主经营、自负盈亏的经济实体。企业的理财环境越来越复杂，财务管理的内容越来越丰富，企业财务部门担负着筹集资金、运用资金、分配盈利、对外投资以及预测、决策、计划、控制、分析的主要任务。在市场经济条件下，财务管理的独立地位越来越突出，财务与会计职责不明的弊病也越来越明显。所以，需要把财务机构同会计机构分开设置。

财务与会计分别设置管理机构，有利于财务会计责任清楚，各自发挥作用。保证财务工作和会计工作适应市场经济的需要。对于一些小型企业仍可以采取财务与会计机构合并设置的传统方法，但财务人员应明确分工，各司其职，充分发挥两者各自的作用。

第二节　企业财务管理目标与金融市场

一、企业财务管理的目标

（一）财务目标

目标是系统运行所希望实现的结果，其具有导向、激励、凝聚及考核作用，只有目标正确，才能保证系统良性运作。企业财务管理目标也称财务目标，对于财务管理系统也是相当重要的，是评价企业理财活动是否合理的基本标准，是财务管理实践中进行财务决策的出发点和归宿。

财务目标具有层次性，其可以按一定标准划分为整体财务目标、分步财务目标和具体财务目标三类不同的层次。整体财务目标又称总财务目标，是一段时间内公司全部财务管理活动应实现的根本目标。整体财务目标比较笼统，必须将其进行逐步、分层分解，制定更为细致、可操作性的目标。将各层次目标分解至不可或无需再分解的程度的目标即为具体目标，即各部门可立即付诸实现的目标。整体目标与具体目标之间的分层次目标则被称为分步目标。整体目标处于支配地位，决定着分步目标及具体目标；整体目标的实现又有赖于分步目标及具体目标的科学实施与整合。

在社会政治环境、经济环境的约束下，财务目标呈现出阶段性特点。当所处时期、财务环境不同时，财务目标也会发生变动；即使是在同一时期，不同企业由于所面临的具体经营环境不同，财务目标也不尽相同。财务目标还具有稳定性的特点。若财务目标朝令夕改，会令企业管理人员无所适从，也就没有目标可谈了。财务目标应是阶段性与稳定性的统一，即一个企业一旦确立了某一个财务目标，这一财务目标在一段时间内将会保持稳定不变。

（二）企业财务管理整体目标

如上所述，不同时期、不同政治经济环境下有不同形式的财务管理整体目标。自1949年中华人民共和国成立至今，随着我国经济的发展、经济环境的变革，我国先后出现了以下四种形式的财务管理整体目标。

1. 产值最大化目标

产值是指生产出的产品的价值。产值最大化目标是指企业以一段时间内生产的产品价值为考核目标。另外，产值计划指标关乎企业领导人职位的升迁与广大职工的切身利益。

产值最大化是中国、苏联以及东欧各个社会主义国家在计划经济体制下产生的。中华人民共和国成立之初，国家经济极为困难，物质资料极其匮乏，当时最迫切的任务是尽可能多地生产出人们所需要的物品。在当时条件下，这一整体目标对尽快恢复生产、恢复经济、发展经济、满足人民基本生活需求具有非常重大的意义。但是，随着经济的发展，计划经济体制逐渐对经济发展产生了极大的束缚作用，总产值最大化也越来越暴露其自身的特点：只求数量，不求质量；只讲产值，不讲效益。一方面，之前由于物资缺乏，人们对产品的质量及个性化的设计的要求并不高，企业的产品只要能生产出来，就能销售出去，从而造成了企业对产品质量及品种的多样性方面重视不足。另一方面，因为产值最大化并不考核成本，管理层只要能增加总产值，而不管产品能否适销对路，也不管是否能以高于产品成本的价值销售出去，获得真正的价值增值。但是随着技术、经济的不断发展，越来越多的产品出现了剩余，人们不再是"饥不择食"，而是开始注重产品的质量及个性化的特点。显然，若仍以产值最大化为整体目标已不再适合，否则其结果是导致产品销售不出去，积压在仓库中，最后贬值甚至全部报废。为克服产值最大化目标存在的缺陷，利润最大化目标应运而生。

2.利润最大化

利润最大化目标指的是在特定时间段内，企业以会计利润为考核目标，决定企业领导人职位的升迁与职工的个人利益。利润是收入减去成本后的结果，它反映了特定时间段内企业新创造的价值增值量，利润与企业的财富成正相关。

企业生产出来的产品只有被销售出去才能确认收入，并且要以高于成本的价格销售出去，才能获得正利润。在市场竞争日益激烈的情况下，只有质量好、满足消费者个性化需求的产品才能畅销。利润最大化目标可以克服上述讨论的产值最大化目标导致的缺陷。利润最大化目标早在19世纪初就被西方企业广泛运用。自1978年改革开放以来，我国市场经济模式逐渐成熟，企业越来越倾向根据市场情况自主经营、自负盈亏、利润最大化是其追求的主要目标。

利润最大化是我国企业普遍采用的财务管理目标。但是，利润最大化目标并非没有缺点，随着经济环境的不断变化，其缺点也逐渐显现。

（1）没有考虑资金的时间价值

会计利润是按照权责发生制原则进行核算的，会计利润中含有未达账项，通常会计利润与实际收到现金的利润是不相等的，则据此目标，有可能会导致错误的决策。例如：A、B两个投资项目，投资成本均为800万元，收入均为900万元，其会计利润都是100万元；但在一时间内A项目的所有收入均已收回，而B项目的收入尚有500万元未收回。若按利润最大化目标来评价这两个项目，应是两个方案都可行。可是此例中，显然A项目更好一些。

（2）没有有效考虑风险问题

利润最大化目标容易引导管理层选择投资项目时尽可能选择利润高的项目。殊不知，高利润往往伴随着高风险，管理层决策时若不考虑风险一味追求高利润，会将企业带上"不归路"。

（3）可能导致管理层的短期行为

影响利润的因素主要有收入与成本。若收入没有增加，成本降低也可增加利润。有些企业在未能有效"开源"的情况下，会采取一些短期行为，如减少产品开发、人员培训、设备更新方面的支出来提高当期的利润以完成任务。更有甚者，有些管理层有可能人为调节利润，使企业表面利润增加，实际企业财富并未增加，反而会因兑现虚假绩效而降低。这显然对企业的长期发展极为不利。为克服利润最大化目标存在的缺陷，股东财富最大化目标、企业价值最大化目标相继被提出。

3. 股东财富最大化

企业主要是由股东出资形成的，股东是企业的所有者。股东财富即企业的所有者拥有的企业的资产的价值。在股份制公司中，股东的财富就由其所拥有股票的数量和每股股票的市场价格所决定。在股票数量不变的情况下，股票价格越高，股东财富价值也就越大。股东财富的最大化也会使得股票价格实现最大化。股东财富最大化的目标要求企业将特定时间后的股票价格作为考核目标。此外，股票价格的高低直接影响企业领导人的职位与职工的个人利益。

股东财富最大化目标与利润最大化目标相比，具有以下优点。

（1）一定程度上考虑了资金的时间价值

这一优点可以从股票定价原理角度来分析。威廉姆斯（Williams）提出的现金股利折现模型是公认的最基本的股票定价理论模型。该模型认为，股票的内在价值应等于该股票持有者在公司经营期内预期能得到的股息收入按一定折现率计算的现值。

影响股票价格的因素包括现金股利、折现率、当时市场信息等。现金股利及折现率因素体现了股票价格的确定需考虑资金、时间、价值的影响。

（2）一定程度上考虑了风险因素

股东可以从市场信息中判断企业经营中可能存在的风险，继而将风险体现在对股票的定价上。若企业经营风险较大，则股票价格会下降；反之，股票价格会上升。管理层若要股票价格最大化，则必须在风险与报酬间寻找一个平衡点。

（3）一定程度上能够克服管理者追求利润上的短期行为

因为股价是未来各期收益的综合体现，每期的现金股利是根据其所属期的利润来确定的，无论是现在的利润还是预期的利润都会对企业的股票价格产生影响，则短期增加利润的行为对于实现股东财富最大化目标来说没有效果。

但是股东财富最大化也存在着一些缺陷。

（1）忽视了除股东以外的其他利益相关者的利益

企业的利益相关者不仅仅是股东，还包括债权人、员工、政府、社会公众等。

每一方利益相关者有对企业财务管理产生影响的可能。在股东大会或董事会上，股东可以参与企业经营决策的规划，而董事会可以直接决定企业经理、财务经理的去留；债权人有权要求企业将资金结构维持好，并时刻保持足够的偿债能力，以及根据合约规定处理资金；员工为企业创造财富、提供人力资源，他们需要适当的报酬；政府为企业提供公共服务，需要以税收为方式获取收益。企业利益制衡机制的运转，是由上述各方利益相关者共同努力的结果，任何一方的利益受损，都会导致如股东抛售股票、债权人拒绝贷款、员工怠工、政府处罚等各种不利于公司发展的现象出现。而股东财富最大化目标可能会诱导管理层仅仅考虑管理层自己及股东的利益，有时甚至还会损害除股东以外的其他利益相关者的利益。

（2）股票财富指标自身存在一定的缺陷

股票财富最大化是以股票价格为指标，而事实上影响股票价格的因素很多，并不都是企业管理层能够控制和影响的。把受不可控因素影响的股票价格作为企业财务管理目标显然不尽合理。也有些学者提出，对于非上市企业来说，股票价格较难确定，因此股东财富最大化仅对股票上市的企业适用。

4. 企业价值最大化

为了克服股东财富最大化目标存在的缺陷，企业价值最大化目标"应声"出现。衡量企业价值通常用下列公式：

$$V = \sum_{t=1}^{n} \frac{CF_t}{(1+r)^t}$$

式中，V 表示企业价值，CF_t 表示企业第 t 期的现金流量，t 表示各期现金流入的时间，n 表示产生现金流量的总期数，r 表示对企业各期所得到的净现金流入量的贴现率。

对企业价值的评价不仅评价企业已经获得的利润水平，更重要的是评价企业获得未来现金流入的能力和水平。企业价值是能反映企业潜在或预期获利能力的企业全部资产的市场价值。企业的价值越高，预期的报酬就越高，风险就越低。此外，在寻求企业价值最大化的过程中，必须考虑和兼顾相关利益者之间的利益，并使之达到平衡，否则将不利于公司财务关系的协调，进而影响企业价值最大化的实现。

企业价值最大化目标除了具备股东财富最大化目标所具有的优点外，还具有兼顾了股东以外的利益相关者的利益的优点，但在计量上，尤其是非上市公司的企业价值的计量上仍存在一定的缺陷。

企业在确立财务整体目标时必须注意目标的唯一性，即上述目标均可作为企业的整体目标，但只能取其一，否则会因找不清方向而造成企业管理混乱。就我国国情来看，上述四种财务目标中，产值最大化目标已经过时，当前已没有任何企业再以此为整体财务目标了。利润最大化、股东财富最大化及企业价值最大化目标仍不同程度地被企业采用。利润最大化目标目前主要为非股份制企业及非上市股份制企业所采用，股东财富最大化目标目前主要为股份制企业尤其是股份制上市企业所采用，企业价值最大化目标由于其相对其他目标来说更为理想化，目前为少数有社会责任意识的股份制企业所采用。

（三）财务管理目标相关的利益冲突

正所谓"众口难调"，企业众多的利益相关者的利益不可能完全一致，企业的财务目标不可能让所有的利益相关者绝对满意,从而使得某些利益相关者之间产生一定的利益冲突。这些利益冲突是否能被有效协调直接关系到财务目标的实现程度。若想有效协调这些利益冲突,则必须了解这些利益冲突及产生的根源。

1. 股东与管理层的利益冲突

并不是所有的股东都懂经营,而资本只有运动起来才可能增值,那谁能来完成这个增值任务呢?现代公司制企业强调企业所有权与经营权分离,为那些不懂经营却想为自己掌握的资本寻找增值机会的人以及懂经营却没有资本的人(职业经理人)提供了一个合作的契机,实现资源、人力的最优化配置。股东聘用职业经理人帮他们管理企业,这些职业经理人被称为管理层。管理层注重个人收入的最大化,也更看重社会地位、声誉、权力、工作舒适度。然而,股东追求公司利润和股东权益最大化。由于信息的不对称,当管理层期望的回报得不到满足时,则有可能通过消极怠工、在职消费、利用企业资源谋取私利等手段寻求心理平衡,最终股东的利益亦将受到损害,由此便产生了股东与管理层之间的利益冲突。

2. 大股东与中小股东的利益冲突

企业的股东众多,若每个股东都希望自己的意愿在企业得以实现,则企业的运作秩序将会陷于紊乱。因此,股东们需要遵循一定的股东会表决制度将意愿合法地表示出来。当前,股东会有"资本多数决"及"多重表决"两种制度。

资本多数决制度是指在股东大会上或者股东会上,股东按照其所持股份或者出资比例对企业重大事项行使表决权,经代表多数表决权的股东通过,方能形成决议。此种情况下,企业股本结构按同股同权的原则设计,股东持有的股份越多,出资比例越大,所享有的表决权就越大。多重表决制度是指一股享有多个表决权的股份,这是建立在双重股权结构基础之上的。双重股权结构是指上市公司股本可以同股不同权,通常是一般股东一股一票,但公司少数高管可以一股数票。对于多重表决权股,各个国家的规定不尽相同,例如日本通常情况下禁止多重表决权股,而美国则与之相反。

3. 股东与债权人的利益冲突

企业的资金来源于股东投入的股权性质资金及债权人投入的债务性质资金。当企业盈利时,股东权益增加,债权人的本金及利息偿付将会得到有力的保障;

当企业亏损时，股东权益减少，但只要没有出现资不抵债的情况，债权人的利益仍是有保障的，其本金及利息仍将被全额偿付；当股东权益不断减少甚至接近于零时，债权人的本金及利息将不会得到完全清偿。相比而言，企业股东的风险比企业债权人的风险偏高。有时股东会不考虑债权人的利益，投资于一些比债权人期望风险更高的项目，若成功，由于财务杠杆的作用，收益归股东所有，债权人不会得到额外收益；若失败，导致股东权益为负时，债权人就将遭受损失。对债权人来说，这时的风险与报酬是不对等的。债权人为保护其利益不受损害，通常会与企业签订限制性的条款。但这些限制性条款有可能会影响股东获得更高收益，从而形成股东与债权人之间的利益冲突。

筹资与投资是企业财务管理的两大基本内容，它们都离不开金融市场。金融市场是资金供需双方通过某种方式进行资金交易的场所和机制。金融市场是企业财务管理活动外部环境的重要组成部分。金融市场的发达程度、金融机构的组织体制及运作方式、金融工具的丰富程度、金融市场参与者对报酬率的要求等都会对企业财务管理产生重大影响。

二、金融市场

（一）金融市场分类

金融市场可根据不同的标准分类，常见的分类方法如下。

1. 有形市场和无形市场

金融市场按形态不同可分为有形市场和无形市场。有形市场是广大交易者集中于有固定地点和交易设施的场所内进行交易的市场；无形市场是交易者分散在不同地点（机构）或采用电讯手段进行交易的市场。有形市场的典型代表在证券交易电子化之前的证券交易所，而现如今，世界范围内的证券交易所都采取了数字化交易系统，有形市场的比例越来越小。无形市场的典型代表有场外交易市场、全球外汇市场、电子化证券交易市场等。

2. 货币市场和资本市场

以金融工具的期限为标准，金融市场可划分为货币市场、资本市场。前者融通短期资金，其期限大多在1年以内，包括同行拆借市场、回购协议市场、商业票据市场、短期政府债券市场、银行承兑汇票市场、大面额可转让存单市场等；后者融通长期资金，其期限大多超过1年，多数为3~5年，也存在10年以上甚至更长的情况，包括中长期银行信贷市场、证券市场。作为贷款市场，中长期银行信贷市场介于金融机构与工商企业之间；证券市场以证券的发行与交易为基础，分为债券市场、融资租赁市场、股票市场、保险市场。

3. 发行市场和交易市场

根据交易类型，可将金融市场分为发行市场、交易市场。发行市场是资金需求者将金融资产首次出售给公众时所形成的交易市场，又称为初级市场或一级市场。交易市场是已发行的有价证券进行买卖交易的场所，又称二级市场，是资金从一个投资者手中转移到另一个投资者手中。交易市场为发行市场上的投资者提供了有效的退出通道，使投资者敢于在发行市场购买金融资产。发行市场与交易市场之间存在互相依存、互相约束的关系，前者提供的证券及其相应发行种类、数量、方式直接影响后者流通证券的规模、结构与速度；后者的证券供求状况和价格水平对初级市场上的证券发行产生特定作用。

（二）金融市场对企业财务管理的影响

社会经济、金融形势不断转变，金融市场承载着企业的资金流动。在国家法律法规约束下，企业可以在金融市场与其他企业进行资金交易，为企业融资、票据办理等业务保驾护航。从企业财务管理层面看，金融市场具备不可取代的作用，企业在进行财务管理时，需要仔细考量市场情况，科学合理地进行财务管理。

1. 金融市场对企业筹资过程的影响

由于金融市场不可替代，各个企业有必要从原有发展模式出发，开展现代企业融资和股权交易。金融市场本质上是资金交易市场，这个市场允许有价值的商品、产品进行互相交易。金融市场包括交易主体、交易对象、交易方式、交易价格等构成要素。此外，我们也可以将金融市场视作实现各个企业资金交易的媒介，它可以将现代企业的资金交易活动全部纳入金融市场体系。在现代企业运营过程中，金融市场发挥着保证企业资金纵向流通，让有资金需求的企业得到满足，并降低企业运营风险、减少企业资金投入等方面的作用。现代企业交易的特点是便捷交易，相应的资金交易周期会越来越短，现代企业需要做的是根据进入市场的变动情况规划财务管理方案，并进一步优化财务管理机制，让企业的负债率稳定在合理区间内，从而提高企业的整体经济效益。负债率往往伴随运营风险，过高的负债率会导致企业难以实现既定发展目标。所以，在金融市场不断变动的情况下，现代企业要合理平衡负债与权益之间的关系，降低负债率带来的负面影响。

2. 金融市场对企业投资过程的影响

与传统的企业财务管理不同，现代企业财务管理具备独特的进步属性。在金融市场环境中，现代企业以内部基金为基础开展资金投入，让企业的经济效益提高，并且在金融市场蓬勃发展的今天，现代企业的资金投入打破了时间、空间等方面的束缚，表现得更加灵活。金融市场引导着现代企业的资金投入，但在实际投入时，利息率、通货膨胀率、汇率资金等因素都会对其产生影响。此外，在企业内部，新兴技术、资金投入比例也会影响企业的资金投入。所以，多元化投资是降低现代企业资金投入风险的有效措施，它也顺应现代企业的发展趋势，并让现代企业的财务管理模式更加丰富。多元化的财务管理模式以企业的特定分支为管理主体，且对外开展投资活动。多元化投资适用于资金额较大的企业，具体实施前要综合考虑用户的实际需求，保证生产活动的顺利开展与投资的精准有效。金融市场背景下，现代企业的显著属性是分配权，现代企业可以将现有资金转化为股权，拥有企业股权意味着拥有该现代企业，且股权具备可转让特性。当企业的现有资金无法让企业进行正常运营时，企业可以通过股权转让的方式获取资金，以免企业生产活动停止。

（三）我国金融市场现状

随着国内金融市场的快速发展，我国的现代企业越来越多，这就意味着现代企业发行的证券数量也越来越多，金融市场投资难的问题得到了一定的缓解，现代企业的投资途径也变得更加多元和丰富，国内银行的压力变小，企业发展所需的资金也变得更加充足。从2009年起，国家大力推动自主创业板块，这使得金融市场变得更加包容、更加多元，现代企业的竞争力也有所提高，现代企业适应社会竞争的能力也得到加强。最近几年，金融市场虽然在不断调整，具体表现在金融产品、金融手段上，但金融危机的影响仍不容小觑，这就要求金融市场更进一步地加快调整步伐。新形势下，创业板是引领金融市场发展的风向标，它不仅能拓展市场经济的发展规模，让快速发展的证券行业推动国家经济发展，也能够提高资金的利用率，让现代企业的业务形式不断更新，还能够有效处理现代企业发展问题，并控制企业投资风险。

在我国，处于初级发展阶段的金融市场具备其特有的属性，其所受的约束力度也不高，在漫长的发展过程中存在很多缺陷。例如，金融市场的调节能力降低，使得相当一部分企业在开展对外投资活动时，选择高息贷款的方式，这无疑加大了企业本身的运营风险，同时也会影响企业的发展。

（四）金融市场环境下企业财务管理改革对策

1. 改善现代企业财务管理制度

当今社会的金融市场呈现出复杂性特征，在这种情况下，改善财务管理制度是现代企业保证财务管理目标实现的有效途径，这也可以推动企业财务管理工作的顺利进行。但现代企业不能盲目建立财务管理制度，它的建立必须结合金融市场的实际情况，并适应企业自身的发展环境。在国内金融市场规模不断拓展的背景下，现代企业在金融市场拥有了越来越多的资金交易渠道，财务管理制度在企业金融交易过程中的重要性也越来越突出。另外，现代企业需要时刻监测、评估市场投资风险，保证投资风险和内部运营稳定于可控区间里，从而游刃有余地处理各个投资项目。增强风险防范意识，重视市场风险，都是企业发展必不可少的措施。

现代企业需要根据金融市场的变化而作出相应改变，否则财务管理制度无法发挥出真实的作用。

2. 多元化财务管理模式

要想适应如今的金融市场环境，现代企业就要革新以往的财务管理理念与财务管理模式。现代企业管理者要重视财务管理工作，从企业实际情况出发采取多元化财务管理模式，更新财务管理理念，在原有的财务管理模式上扬长避短，拓展财务管理范畴。此外，风险投资、保守估计也是财务管理的内容。财务管理部门的任务之一是帮助现代企业管理人员规划投资方案。但我们不能忽略，所有事都有双面性，现代企业投资也是如此。对外投资可以帮助现代企业提高经济效益，但也会为现代企业带来一定的风险，且在金融市场环境的影响下，这种风险会不断提升，如不断波动的汇率让企业在进行投资时更具压力。所以，对于现代企业财务管理来说，先进的风险技术是重要的，也是必要的。

为适应不断变化的金融市场环境，现代企业财务管理人员需要具备更高的专业水平和综合素质。现代企业管理人员要加大员工培训力度和培训资金投入，并改善财务人员培训方式，以金融市场为风向标，时刻更新培训内容，也要充分提升财务管理人员的实践经验和适应新环境的能力，让他们由内而外地提高专业水准与综合素质。另外，财务人员要不断学习、不断反思总结，有针对性地弥补自身不足，尽量让自己保持最佳状态。

对于现代企业而言，提升会计控制水平，并保证会计信息真实、精准，是确保企业资金安全的关键措施。现代企业财务管理要在遵循国家法律法规的前提下，厘清财务管理的重点和难点，为会计人员制定行为规范。此外，为财务人员构建成熟的奖惩机制也是很有必要的，为表现优异的财务人员提供物质奖励或精神奖励，可以刺激其他财务人员的工作热情，提高他们的工作积极性。

在飞速发展的当今社会，现代企业在数量和规模等方面的水平不断提高，而现代企业管理的核心工作是财务管理，可以说财务管理是否合理，关乎企业的未来发展。由于传统企业财务管理模式和理念无法保证企业适应社会发展，为了不被金融市场淘汰，现代企业要做到目标清晰、方向明确，根据企业的实际情况规划财务管理流程，让财务管理的功能与作用发挥出更强的能量。财务管理工作开展之前，财务人员需要掌握金融市场的发展状况，对其分析总结，找出企业财务管理工作开展的最佳途径，并通过掌控企业投资风险的方式让企业收获更多的经济效益，具备更强的社会竞争力，以便适应激烈的金融市场竞争。

（五）金融工具

1.金融工具分类

金融工具是资金融通交易的载体，是金融交易者在金融市场上买卖的对象。

金融工具按与实际信用的关系可分为基础金融工具和衍生金融工具两类。

（1）基础金融工具

我们可以将基础金融工具称作原生金融工具或非衍生金融工具，它是一种合法凭证，被用于实际信用活动中债权债务关系或所有权关系的证明。包括商业票据、债权在内的债权债务凭证与包括股票、基金在内的所有权凭证，都属于基础金融工具。

（2）衍生金融工具

衍生金融工具又称派生金融工具、金融衍生品等，是由原生金融工具派生出来的，主要有期货、期权、远期、互换合约四种衍生工具以及由此变化、组合、再衍生出来的一些变形体。在金融市场里，原生金融工具运用范围最广，也是衍生金融工具存在的前提。

为适应经济的发展，市场上不断创新出新的金融工具，金融服务范围也一再拓展。这样的变革为企业筹资、投资提供了极大的便利，然而，这样的变革也为企业带来利率、汇率等多方面的新风险，企业所承受的风险压力也有所加大。合理地利用金融工具，在适合的金融市场有效地融资并规避风险，将成为企业财务管理面临的重要课题之一。

2.金融工具在企业财务管理中的应用

国内金融环境随着社会经济的不断发展而愈发错综复杂，这也为现代企业带来诸多发展压力。面对这种局面，现代企业需要通过金融工具保证并提升整体经济效益。企业要从金融工具的实际效用出发，重视财务管理的功能，降低财务方面的负面影响，从而提高企业的经济利润，推动企业的稳定发展。只有将金融工具利用好，企业才能妥善处理风险问题，实现经济效益的提升，并提高整体流动资金量。

（1）金融工具与财务管理的关系

在进行财务管理工作时，企业要从整体目标出发，根据企业资产进行购置、投资，构建适合资本融资、资本筹资的良好环境，以便资金在企业经营过程中更顺畅地流通，进一步推动利润分配管理目的的达成。财务管理工作顺利与否，关系着企业的发展，所以企业要遵循特定的财务制度和财务规范，始终秉持会计准则和基本原则，提升对各项财务活动的管理水平，从而提升企业的经济效益。此外，企业进行财务管理，也能明确各种财务关系。金融工具本质上属于一种交易方式，在金融市场中，它可以被企业用作进行买卖的资金，也能帮助企业明辨债务债权关系。在我国当前社会环境下，不仅经济发展需求和经济发展环境在不断变化，新的金融工具也随之不断出现，并越来越丰富，这是企业经营发展需要的结果。在选择合适的金融工具并加以运用后，企业可以提升自身抵抗风险的能力，并能够收获更多实现盈利的投资机遇，相应的市场规模也会得到拓展。

（2）企业财务管理中关于金融工具应用的风险问题

①市场风险。市场风险源于市场中利率、汇率和股票价格以及商品价格等方面的变化波动。在税收政策、利率发生变化时，衍生金融工具很可能会发生损失。当前市场风险问题不易把握，且市场中存在各种影响因素，这提高了市场风险的出现率，衍生金融工具也就更容易出现损失。

②信用风险。这种风险属于违约风险，常存在于竞争对手、交易对象、合作方等的风险问题中。由于资金压力、财务困难等因素，一方无法按照既定合约履行义务，造成经济损失，并导致衍生金融工具的收益无法达到预计收益水平。从宏观经济角度看，当经济繁荣时，衍生金融市场的信用风险在经济市场的干预下不会太高；当经济衰退时，经济低迷的环境会限制企业的盈利，也会为金融市场带来诸多信用风险问题。

③流动性风险。这种风险源于临时性资金不足。企业在筹集资金、融资过程中，如果流动性资产或临时性资金不够，很容易遭受不能支付流动性负债的风险。一旦出现金融工具流动性短缺的情况，企业遭受巨大损失的可能性会变大，甚至会产生资金链断裂的情况，其诱因包括金融工具市场交易规则、市场环境变化等。当合约中的任何一方出现现金流不足、临时性资金短缺，进而无法按照规定履行既定义务时，衍生金融市场交易的经济风险会变大。

④法律合规风险。企业的法律制度不够完善，很容易产生法律合规风险。在这种情况下，企业无法稳定地获得合法权益，金融市场内的交易方也没有自律性准则可循，市场监督管理的要求和规范自然无法发挥作用，法律法规风险问题也就无可避免。所以，有关金融行业的法律法规要顺应时代脚步，不断加以完善。

需要注意的是，金融市场时刻发生着变化，这种变化很容易超出法律法规的约束范畴，风险问题并不能完全被规避。

3.金融工具在企业财务管理中的应用策略

（1）践行金融市场法律规范，推动法律建设

当下的金融市场中，存在《金融违法行为处罚办法》《银行业金融机构衍生产品交易业务管理暂行办法》等多种法律法规。这些法律法规在适应金融市场，尤其是面对衍生金融市场中金融期货合约、金融远期合约、期权合约等越来越多的发展趋势时，需要根据实际情况及时进行更新。这就要求相关部门时刻关注金融市场的风险问题，将目光放在国外先进的处理方法与经验教训上，取其精华，去其糟粕。此外，要从企业会计准则的相关要求出发，不断完善金融工具结算制度，优化财务监管、财务稽查之间的联系，妥善规避金融工具交易风险，并践行金融市场法律法规，大力推动法律建设。

（2）改善企业风险管理流程，优化内部制度

首先，要转变传统会计报表编报的处理方式。企业要时刻秉持实用性原则，根据企业会计准则，对会计报表编报加以创新，推动金融性资产的合理划分。在依靠金融工具发挥功能作用，建立起金融体系的情况下，企业能够更加顺畅地开展财务管理业务，并使所获信息更加精准可靠。其次，要加大对衍生金融工具风险披露的重视力度。企业要遵循谨慎性原则，并以现行企业会计准则为基础，进一步控制金融工具风险，让风险披露更加科学合理。金融市场本身具备的虚拟、复杂、杠杆等多种特征使其难以把控，很容易引发市场、流动性、信用、法律法规等方面的风险。针对这种情况，注重金融工具风险披露、加大金融工具风险管控力度是行之有效的途径。最后，要优化内控制度。有效的内控措施是十分必要的，企业要根据既定要求，仔细分析内部环境、风险评估、控制活动、信息沟通、内部监督等诸多方面的信息，将不相容职务分离开来，有效控制企业治理结构风险，改善企业风险管理流程。

（3）提升企业金融工具运用能力

第一，要拓展金融工具应用范畴。在经济全球化的大背景下，我国金融工具需要拓宽应用范围。在进入资本市场时，企业要及时完善金融工具。企业在进行

生产经营时，要提升金融工具运用能力，进而提高资金运营效率，使得资源配置更具科学性和合理性。

第二，金融工具有利有弊，风险与收益并存，企业在追求收益时需要防范风险。一方面，金融工具可以帮助企业降低成本融资，并进一步对风险加以调控；另一方面，金融工具也为企业带来各种无法避免的风险。企业管理者要根据实际情况，仔细考量金融工具的利弊，尽量降低各种风险，及时反思总结，以趋利避害。

第三，优化金融工具内部管理体系。金融工具本身具备一定风险，所以企业要在内部管理体系上加以优化。可以通过安排特定人员监管的方式，让金融工具发挥更大的作用，这样不仅可以提高企业防范风险的能力，而且能保障资金安全。在对数据进行分析处理后，企业会更加了解市场情形，并进行下一步的决策规划。

（4）提高财务管理人员的素质与能力

金融工具不断开发与应用，为我国金融市场专业人才提出了更高的要求。然而，金融专业人才资源的短缺阻碍了金融工具在企业财务管理上的应用与发展。就实际情况而言，很多企业的财务管理人员对金融产品的认识不够成熟，部分管理人员甚至无法对金融工具的风险给出合理的控制管理策略。这一特征在衍生金融市场产品上更加明显，部分财务管理人员无法根据市场情况对风险问题提前进行规避，这就导致市场、信用、流动性等方面的风险影响企业的预测效果和分析效果。为此，企业要大力进行培训教育，帮助财务管理人员提升知识储备量和综合素质，让他们能够出色地完成财务管理工作。企业也可以通过与各大相关高校、行业部门进行合作的方式，为财务管理人员提供学习和培训的机会，使得他们更加深刻地认知金融产品、操作金融产品、应用金融产品，同时也要构建完善的风险控制体系，让金融工具的真实价值发挥出来。

综上所述，在财务管理工作进行过程中，企业要重视金融工具的作用，以其为入手点对金融风险加以应对与规避。我国的金融市场在最近几年蓬勃发展，金融工具种类也层出不穷，但从整体层面看，我国金融发展仍不及国外，比较明显的有金融市场规模不大、金融类型不丰富等。想要处理这些问题，就要合理有效地运用金融工具，让其各项作用发挥出来，进而推动金融市场的全面发展。在进行实践时，有关部门要不断完善金融市场的法律法规，企业要优化内控制度和风险管理流程，同时也要大力培养素质水平高、综合能力强的金融专业人才，从而提高企业的经济效益。

第三节　企业财务管理的价值观念

在现代财务管理中，资金的时间价值和投资的风险价值是两个重要概念。无论是企业的筹资、投资，还是企业的利润分配，上述两种价值都是重要考虑因素。了解和掌握这两个概念的含义与相关算法，可以帮助我们了解其具体应用。

一、资金的时间价值

（一）资金时间价值的含义

资金的时间价值是指一定量资金在不同时点上的价值量的差额，其源自资金在运动过程中，经过一定时间的投资和再投资后产生的增值。

资金时间价值在商品经济中是十分普遍的，例如：在不存在风险和通货膨胀的情况下，某人将 1 元存进银行，假设年利率为 10%，则在一年后此人从银行能够取得本息 1.1 元。这就说明 1 年前的 1 元经过投资（存入银行）产生了增值（增值了 0.1 元），这部分的增值额便是资金时间价值。

资金时间价值有两种表达形式：相对数和绝对数。相对数即时间价值率，是没有风险和没有通货膨胀条件下的社会平均资金利润率。例如，上述例子中的存款利率 10%。绝对数即是时间价值额，是资金在生产过程中带来的绝对增值额。例如，上述例子中的年利息 0.1 元。

（二）资金时间价值的作用

随着我国经济的不断发展，各项金融体系、经济制度等正在不断地完善和建立。资金时间价值等同于除去风险和通货膨胀贴水后的社会平均收益率，它代表企业资金利润率的最低下限，所以我们可以以其为衡量企业经济效益、考核企业经营成果的重要标准之一。

在企业的筹资活动中,企业需要根据资金时间价值选择筹资的时机,确定筹资的规模。在实际的筹资环境中,企业筹资的时点和投放资金的时点总是不一致的。企业只有在最接近资金投放时点筹集到足够的资金,才能避免资金的浪费,使企业的收益达到最大化。企业所面临的投资机会是很多的,但是并不是所有的投资机会都适合企业,只有在项目的收益大于筹资成本时该项目才是可行的。

在企业的投资活动中,企业需要从动态的角度分析不同项目的可行性,为投资决策提供依据,从而提高投资决策的正确性。企业要树立资金时间价值观念,以能够正确地看待项目的建设期以及不同时点上的资金流量。

(三)资金时间价值的几组重要概念

1. 现值和终值

我们可将现值视作本金,它代表在未来的某个时点上,特定资金折合为现在资金所得的价值。

终值又称为本息和,是指现在一定量的资金折合为未来某一时点上的价值。

2. 复利和单利

单利,是指按照固定的本金计算利息的一种计利方式。根据单利的计算原则,在贷款期间,只有本金生成利息,无论历经多长时间,所生成的利息都不作为本金再次获得利息。

复利与单利不同。根据复利的计算原则,本金和本金生成的利息都会计算利息,即"利滚利"。现代财务管理的财务估价,在进行资金的时间价值测算时,通常都采用复利的计息方式。

在本书中,如果题目没有特别强调,则需要采用复利方式进行计算。为了计算方便,相关符号的含义如下:F 表示终值,P 表示现值,I 表示利息,i 表示利息率(折现率),n 表示计算利息的期数,A 表示年金。

二、投资的风险价值

通常情况下,资金的时间价值可以看成是没有风险和没有通货膨胀条件下的社会平均资金利润率。在企业财务活动中,完全没有风险的投资几乎是不存在的,只是风险大小不同。风险是客观存在的,企业通过计量、分散和降低风险获得增加股东收益的机会,这是财务管理需要研究的问题之一。

(一)风险的概念与分类

1. 风险的概念

风险用于形容在特定情况和特定时间段内所有可能出现的结果的变动程度。结果变动程度越大,风险就越大,两者之间存在正相关的关系。

当某一行动方案的未来结果有很多种可能时,它就存在风险;当某一行动方案的结果唯一时,它就不存在风险。

在投资决策中,往往根据决策所处的条件,把决策划分为确定型决策、风险型决策、不确定型决策三个类别。在确定型决策实施下,未来的结果是唯一的。如将资金存入银行,则可获得2.25%的利息率;如果投资某种国库券,则可获得3.37%的利息率。由于未来的收益是确定的,投资者较易决策。在风险型决策实施下,未来的结果存在很多种,且每种结果出现的概率可以预测。如企业投资生产一种产品,如果销路好,收益率可达300%;如果销路一般,收益率为100%;如果销路差,收益率为50%。根据市场调查的资料分析,认为该种产品销路好的概率为50%,销路一般的概率为30%,销路差的概率为20%,这就是风险型决策。在不确定型决策的实施下,未来的结果不仅有很多种,且其对应的概率是无法预测的。如企业开发一种新产品,如果开发成功,可获80%的收益率;但如果开发失败,则获得10%的收益率。至于新产品开发成功的概率有多大,事先无法知道,这就是不确定型决策。

从定义上看,风险型决策与不确定型决策是不同的,但从实际情况看,风险型决策对应的各种未来结果也不是十分确定的,而不确定型决策对应的各种未来结果也不是完全不能被估测的,需要决策者从主观上进行判断估计。所以,在企业财务管理工作中,风险型和不确定型问题都被对待为风险型,因为风险可被视作不确定性概率。概率有两种测定方式,第一种为客观概率,这种概率由推算大量历史的实际数据而得;第二种是主观概率,这种概率并不是源自大量的实际资料,是人们以有限的资料和历史经验加以估计而得的。

风险是一把双刃剑,既可能带来巨大收益,也可能带来巨大损失。通常情况下,比起收益的程度,投资者更关注损失的多少,研究风险也就可以被理解为止损。所以,在人们眼中,风险通常用于形容负面,而对于财务而言,风险代表无法达到预期收益的可能性。

2. 风险的分类

风险的类别不同,所具备的特征就不同,对应的风险控制方法也有所区别。所以,在对风险管理进行研究时,要多角度对风险进行区分。

从个别投资主体层面看,风险包括市场风险、公司特有风险。市场风险指的是包括通货膨胀、利率过高、经济衰退、国家政变、战争等影响投资对象的诸多因素所带来的风险,该风险存在于企业的外部环境,能够对所有企业产生影响,企业无法掌控。由于对任何企业进行投资,都无法规避这种风险,也不能以投资组合的方式加以区分,所以这种风险又被称作不可分散风险或系统风险。公司特有风险源于个别公司的特定事件,包括公司新产品开发未果、诉讼未果、车间失火、设备大规模出现问题等。这种风险存在与企业的内部环境,企业不同,这种风险出现的可能性不同,它是企业能够加以控制的。此外,公司特有风险的利弊是相对的,一家企业出现这类风险,这家企业会受损,而其余的企业可能会获利,如两家企业进行诉讼,失败方会受损,胜利方会获利。由于企业可以通过投资组合对公司特有风险加以分散,这种风险也被称作分散风险或非系统风险。

从企业本身层面看,风险包括经营风险和财务风险。经营风险又称商业风险,指的是由于经营相关原因,使企业的利润发生变动的风险。根据利润构成要素,产品销售量、销售价格、产品生产成本等因素的变动都会产生经营风险,并且这些因素无法完全被企业控制,因为这些因素与整个市场的需求量、企业竞争对手以及企业成本、生产技术、工人、机器效率等诸多方面存在联系。这种风险客观而又普遍,需要企业采取加大市场调查力度、提升自身综合素质加以降低和规避。财务风险指的是由于借款而增加的风险,它源自筹资决策,也被称作筹资风险。这种风险主要有两种表现形式:第一,企业因借款而丧失偿债能力;第二,企业所有者的收益因企业借款而有所下降。企业选择负债经营,会导致财务风险发生可能性增大，但这并不代表企业不能借贷任何款项，很多时候，经营措施实施妥当，负债经营的企业也能够为所有者创造收益。

（二）风险程度的衡量

从某种程度上，未来各种可能结果变动的程度会决定风险的大小，而概率和数理统计是衡量风险程度的有效方法。

（三）风险与收益率之间的关系

可将投资的风险收益称作投资风险报酬或投资风险价值，它指的是投资者在冒风险的情况下进行投资所带来的额外收益。

从市场竞争角度看，有人进行投资的前提是高风险的投资与高收益挂钩，相应的低收益也要对应低风险。风险与收益之间存在客观联系，通常情况下，投资者的风险收益越大，就意味着相应的风险越高。

风险收益有绝对数和相对数（风险收益率）两种表示方式。可以用离差率对风险的大小进行计量：

风险收益率 = 风险收益系数 × 离差率

投资者期望的投资收益率应等于无风险收益与风险收益率之和，即

期望的投资收益率 = 无风险收益率 + 风险收益率

无风险收益率通常用于形容投资国库券的收益率，通货膨胀附加率、资金的时间价值都属于无风险收益率。

（四）风险收益的计算

由前面的论述可知，风险收益率取决于风险收益系数和离差率。离差率可以根据前面介绍的公式计算。而风险收益系数的确定，有以下几种方法：

1. 高低点法

根据以往同类项目投资收益率与离差率的历史资料，取其中最高与最低两点来确定风险收益系数，其计算公式如下：

风险收益系数 =（最高收益率 − 最低收益率）/（最高离差率 − 最低离差率）

2. 回归分析法

风险收益系数可用以下直线回归方程求得：

$$Y=a+bX$$

上式中，Y 代表投资收益率；a 代表无风险收益率；b 代表风险收益系数；X 代表离差率。

3. 专家意见法

以上两种方法都必须在历史资料比较充分的情况下采用。如果缺乏历史资料，可由国家或企业组织有关专家，根据经验加以确定。实际上，风险收益系数的确定，很大程度上取决于投资者对待风险的态度。如果投资者敢冒风险，风险收益系数就小；如果投资者不愿意冒风险，风险收益系数就大。

风险和收益的关系说明，风险越大，要求的收益率也越高。对于含风险的投资方案的选择，应遵循的原则是，尽量保证高投资收益率、低风险，具体表现为以下几点：第一，在投资方案的预期收益率相同的情况下，选择离差率低的方案为宜。第二，在投资方案的离差率相同的情况下，选择预期投资收益率高的方案为宜。第三，当 A 方案的预期投资收益率大于 B 方案，但 A 方案的离差率小于 B 方案时，选择 A 方案为宜。第四，如果 A 方案的预期投资收益率与离差率都大于 B 方案，选择方案的考量因素是风险收益系数，即投资者关于风险的态度，系数越高，代表投资者越回避风险。当风险小幅度增加时，要补偿以大幅度提高的收益率，也就是提高离差率，相应的风险收益率也会增加。

第二章 智能化财务概述

在市场和信息技术快速发展的背景下,财务转型势在必行,且有了更多新的可能。本章内容为智能化财务概述,主要包括三方面内容:人工智能概述、智能化财务促使财务转型的新技术、智能化财务管理新逻辑。

第一节 人工智能概述

一、人工智能的定义与内容

(一)人工智能的定义

人工智能是人类进步与发展的成果,集人类智慧和文明于一身,它主要研究怎样通过包括计算机在内的电子设备模仿人类特有的思维过程与智能行为。也就是说,无论从理论层面还是应用层面,人工智能都属于计算机系统。它是开发人工构建的人类意识和思维模式,可以取代人类完成一些工作。[1]

(二)人工智能研究内容

研究人工智能需要高水平的技术与专业技能,其研究范围广,各个深入研究的分支没有明显联系。从研究内容上看,人工智能包括搜索方法与知识处理、知识表示与自动推理、计算机视觉与自然语言理解、自动编程与智能化机器人、机器学习与知识获取等[2]。

---

[1] 尼克.人工智能简史[M].北京:人民邮电出版社,2017:66.
[2] 卡普兰.人工智能时代[M].杭州:浙江人民出版社,2016:52.

二、人工智能的发展历程

人工智能的发展历程包括萌芽、诞生、发展、集成四个阶段。人们通常认为，1956年之前，人工智能的发展处于萌芽期。在此期间，布尔逻辑、概率论、计算理论的蓬勃发展推动了日后人工智能的形式化规则的发展。1941年，美国和德国共同开发了世界上首台计算机，人类存储和处理信息的方式发生了颠覆性的改变。20世纪40年代问世的首台能够储存程序的计算机，很大程度地推动了人工智能理论的发展。在20世纪50年代，有人以人类智力与计算机相联系的方式，创造了人工智能。作为控制论的创始人，诺伯特·维纳以反馈理论为基础提出了全新的观念，认为机体可以根据外界传输而来的反馈结果做出一定的动作，智能概念由此出现。在1955年，来自美国的计算机科学家艾伦和赫伯特提出了一种树形结构程序——逻辑理论程序，多个树形分支会在探寻过程中，优先探寻与标准答案最为接近的分支，以提高获得标准答案的效率。这一举措也为人工智能的发展乃至学术界、社会的进步作出了巨大贡献。

人们通常任认为，人工智能诞生于1956年—1961年。很多数学界、心理学界、神经生理学界、电脑科学和信息论等科学界的专家们参加了由麦卡锡、明斯基等学者于1956年召开的达特摩斯会议。在深入研究探讨后，专家们创造了一门新学科，也就是人工智能。自此，对人工智能的研究主要侧重于其实际应用功能、自我修复和主动学习能力。在1957年，艾伦·纽威尔和赫伯特·西蒙开发了一个程序称为General Problem Solver（通用问题求解程序），这个程序成功拓展了维纳的反馈理论的范畴，很多大众化的问题因此更容易被解决。而后，麦卡锡又开发了表处理语言LISP。

人们通常认为，人工智能在1961年—1987年蓬勃发展。在这个阶段里，无论是人脑识别、专家系统领域里，还是在模式分辨、机器证明、电脑人脑连接领域，以及生物质能领域里，人工智能的应用都收获了显著效果。美国国防部、政府等部门于20世纪60年代，加大了对麻省理工学院的人工智能研究的支持力度，促使人工智能技术进一步更新完善。维诺格拉德于20世纪70年代，在麻省理工学院开发了能够通过简单的自然语言操控机器人展示出特定动作的SHRDLU系统。同一时期，不断发展的科学研究为人工智能开启了新篇章，甚至部分专家认为计算机能够协助人类专家完成部分工作，简单的思考和观察是这一时期的计算机可以完成的。诞生于这一时期的人工智能语言 Prolog 与前文所述的 LISP 是科学家研究人工智能时所必备的工具。

人们通常认为 1988 年至今是人工智能的集成阶段。在这一阶段，人工智能技术的使用范围不断拓展，人们会将使用人工智能过程中遇到的问题集中反馈给专家，专家也以此为基础不断更新相应程序，这也进一步推动了人工智能在功能和需求上的发展。近年来，飞速发展的人工智能又拓宽了发展路径，创新技术和更多的学科领域被囊括其中，并呈现出多方位、多领域综合发展的趋势。就目前而言，人工智能技术已经被应用于人类的生产、生活、学习、经济等诸多方面。在我国，人工智能的研究被大致划分为三个占比不同的方面：语言识别、理解、合成——60%；图像识别——13%；其余领域——27%。

三、财务人工智能概述

财务人工智能可以模型化处理财务的管理理论，并以高科技信息为入手点加以匹配，它可以将数据集中于总信息库，并分析信息库的现存数据，从而为公司快速提供经营报告与经营战略建议。财务领域人工智能不仅能够对人类的财务操作与财务判断进行模仿，也被应用于控制和管理风险、分析风险、预测业务收入、优化税务等各个方面。

（一）财务人工智能应用领域

从有关的科技应用层面看，财务人工智能在内容上包括专家系统、模式识别、资源规划与配置、智能财务管理信息共享系统、人工神经网络模型。下文为读者阐述专家系统、模式识别、人工神经网络模型三部分内容。

1. 专家系统

专家系统本质上是一种程序系统，它拥有高专业水平和理解能力，类似各个领域的专家。专家系统可以就领域内问题通过经验和知识储备进行处理。从结构上来看，专家系统就好比一个特定领域的信息库和一个能够被人类所获得和利用的系统所组成的专业解题系统[①]。专家系统的核心项目包括信息库的储备、反应机制，在获取程序时主要以经验和智能的程序系统、信息库、推理机制、解释程序等项目的运转为处理方式。财务专家系统能够积累以往经验、获取特定数据、收集知识加以储备，并具备智能化特征，它可以解决财务范畴内的各种难题，也可以帮助财务人员处理工作事务，如叙述财务管理内容、诊断问题、进行数据分析、验证原理等，进而根据财务管理环境、技术、理念规划最终决策。财务专家系统进行工作时，更加倾向于将问题简单化、具体化，它会拆分财务问题，使之分离为多个简单问题，然后以搜索问题的方式进行归纳总结，进而让问题得到处理。在对系统加以处理与整合后，财务人员利用财务管理专家系统能够提升决策的信服力，让财务预算更加务实、财务控制更加有效，也能使得财务数据、财务分析更加明朗清楚，使得财务管理更具全面性、易掌控性特征。

2. 模式识别

模式识别指的是将物体表征的所有信息归纳起来，加以汇总分析，从而对事物或特定现象作出叙述、分辨、归类、阐述。在诸多种类的模式识别方法里，结构法、决策论法最为重要。当下社会中，出现了以多元化大数据为基础的多元图形基元、特征基元以及粗糙集模式及其他等诸多新的模式识别方法。模式识别方式也被运用于财务领域，它能够帮助企业对财务目标和环境进行分辨和描述，也能够帮助企业识别财务管理遭受金融危机的缘由与影响，进而规划出合理方案。公司运用模式识别，可以识别财务经营框架、把控运行机制，也可以对财务的主体行为及其对财务目标的影响加以识别，还可以对资金的筹划支付、资金流动性进行识别。此外，模式识别还能帮助企业预知潜在财务危机和风险，并通过构建预防模型帮助企业规避财务风险、保护财务安全。

3. 人工神经网络模型

人工神经网络模型能够根据系统的工作结构和原理，以大量的处理单元为基础模仿人类神经系统，并将这些处理单元连接为网络。它能够通过学习案例的方式对信息储备库和推理机制进行优化完善，进而提高人类认识外部世界、智能管理等方面的水平。人工神经网络模型的运用范畴包括优化、预测、归类、函数逼

[①] 韦康博. 人工智能 [M]. 北京：现代出版社，2016：98.

近等，主要有预测、分析和诊断上市企业的财务风险和财务问题，对财务管理进行规划，以及对缴税、财务质量、风险投资项目、股票价格指数进行监测评估，也包括分析和预测固有财产投资规划、金融证券定价及对经济发展方向进行选择等。当今社会，人工智能技术备受公众关注，它在经济与财务管理方面的应用是人工智能研究领域的重要内容。

（二）财务智能化的架构特点

与传统财务信息化功能架构有所不同，财务智能化是建立在一系列智能技术基础之上的。在具体的信息化架构搭建时需要考虑以下要点。

1. 构建数据基础

对于大数据和人工智能来说，数据是这些智能技术能够有效运转的基础。因此，在信息化架构中，必须考虑搭建一个可靠的数据层。这个数据层和传统信息化技术中所理解的后台的数据是不一样的。在这个数据层的搭建中，要兼顾结构化数据和非结构化数据。

首先，对于结构化数据来说，需要对系统中所有具有业务含义的数据进行标签化，也就是说，要建立一个标签字典，用来重新定义系统中的每一个具有业务含义的字段，并在每一笔交易发生时，将交易中所包含的所有标签及标签值存储到数据层中。

其次，对于非结构化数据来说，要能够采用大数据技术对非结构化数据进行管理和存储，并基于应用场景尽可能地获取更为广泛的非结构化数据。

在建立了基于标签的结构化数据及非结构化数据的数据基础之后，无论是后续基于规则引擎的自动化处理，还是基于机器学习引擎的智能建设，都具备了基础条件。这对于财务信息化来说，是一个重要的改变。

2. 构建智能技术引擎

在有了数据基础之后，财务信息化平台向智能化的转型还需要一系列的技术引擎的支持。

第一是图像文字识别引擎。财务的大量数据还是以实物形态存在的，如发票、合同等。虽然这些原始凭证正在向电子化迈进，但在现阶段，实物仍然是其主要形态，而这些实物中蕴含了大量财务信息，并且是后续智能应用的关键基础。要提取这些信息，除了通过人工录入或者采取众包模式外，还可以运用图像文字识别（OCR）技术。基于OCR技术，能够批量高效地对图像中财务信息进行提取。需要注意的是，传统的OCR技术并不是非常成熟，识别率较低，基于深度学习的OCR引擎会有所改进。

第二是规则引擎。规则引擎能够以标签为基本元素，通过特定的语法对控制规则进行表达和封装，形成一个个规则包。这些规则包从业务角度来看，能够帮助我们替代一部分人工进行系统的自动化审核控制，规则引擎本身技术并不复杂，难点在于进行清晰的标签定义和管理，梳理和拆解规则，以及基于标签定义规则。对于最简单的差旅费报销来说，其涉及的标签可能多达数百个，并且也需要数十个的规则来进行组合审核。

第三是流程引擎。流程引擎虽然在传统的财务信息化架构中已经广泛应用，但在智能化要求下，流程引擎需要具有更强的灵活性和扩展性，以支撑在智能应用中更为复杂的后台任务路径分流。流程引擎技术本身需要引入机器学习技术，以逐渐实现流程的智能化流转管理，如在共享派工时，实现更为灵活和均衡的智能派工。

第四是机器学习引擎。机器学习引擎是人工智能技术的关键组件，能够将一系列算法进行封装，并形成标准化的输入和输出。机器学习引擎能够通过对带有特征和标签的大量历史数据的学习去自主发现规则或算法，并将这些规则或算法应用于财务的工作场景中，实现对人工的辅助或替代。机器学习引擎是财务信息化从自动化向智能化迈进的关键一步。

第五是分布式账簿引擎。分布式账簿引擎通过在业务系统与财务系统底层搭建统一底账的方式实现每一笔交易发生时的平行记账，并基于区块链的原理实现去中心化和数据一致。分布式账簿引擎能够为内部往来核对、关联交易核对、业财一致性核对等复杂业务问题提供技术支持。在完善的数据基础的支持及多个技术引擎的共同作用下，财务信息化架构能够实现从传统的自动化向智能化的进化。

（三）财务人工智能的不足

即使财务机器人可以帮助财务工作人员完成部分基础核算工作，但就实际情况而言，不是所有的财务工作都被财物人工智能单独处理。

1. 成本费用昂贵

财务机器人所处理的工作内容需要具备高标准化特点，它不适合处理量少但种类多的工作，规模大、财税日常工作繁重、处于快速成长期的企业是它的适用对象。普通企业很难承担起财务机器人昂贵的成本费用，并且对于这类企业而言，盲目引进财务机器人会降低整体成本效益，这不利于企业发展。

2. 技术发展有限

首先，财务机器人尚在发展初期，功能不健全，兼容性也不高，使用前期存在各种缺陷。部分企业已经引进财务机器人，旨在提高工作效率，然而实际情况是初级发展的财务机器人的应用范围十分有限，应用层次也不合格，其功能十分欠缺。这是由于初级阶段的开发人员并没有基于系列化、实用化、模块化的全面考虑进行设计，财务机器人的系统兼容性不高，整体技术发展十分有限。

其次，能够熟练操作财务机器人的技术人员数量有限，其售后服务也是一大问题，这主要因为在当下社会里，财务机器人尚属新兴产品，对技术人员在会计理论、人工智能和互联网技术等方面的知识储备都提出了高要求。综合素质强的人才十分短缺，这一现象使得财务机器人的后期维护升级十分不到位。

最后，会计信息的安全得不到保障。电子形式是目前对会计信息进行处理与保存的主要形式，而财务人工智能系统本身存在技术缺陷，一旦防护不及时或防护不力，该系统很容易被黑客入侵，商业信息因此会泄露，这种情况对于企业的打击可谓十分致命，很多企业无法承受信息泄露带来的巨大经济损失。

3. 人性化水平有限

首先，财务机器人不具备真实情感。拥有高水平计算速度和数据处理能力的财务机器人，在情感丰富度上是无法与人类比拟的，它不能像人类一样进行合理的直觉判断，也不具备人类处理复杂事物的特定逻辑。财务机器人只是按照既定程序进行工作，不具备任何情感，其"思考"也是程序的具体化表现。举例来说，财务工作人员能够"察言观色"，但客户的表情和语气对于财务机器人是无效的。

其次，财务机器人不具备足够的实时反应能力与灵活度。财务机器人可以帮助财务工作人员处理普通数据核算工作，但宏观经济环境发生改变时，财务机器人就无法发挥有效作用。在处理经济类工作时，财务工作人员会从自身的储备知识和工作经验出发，根据企业真实内部环境和外部市场环境规划处理方案，所涉及的内容包括会计规则、法律知识、情感经验等，即使会计规则和内外部环境发生变化，财务工作人员也会作出相应调整，这是财务机器人无法实现的。这也证明，无论人工智能的处理水平有多高，它都无法像人类一样处理组织之间、不同人之间、企业与社会之间的关系问题。

（四）财务人工智能对财会人员工作的影响

英国牛津大学于2017年发布的一篇研究调查表示，财务工作岗位是人工智能机器人最有可能代替的岗位。哈格教授和卡明斯教授在《信息时代的管理信息系统》中强调，专家系统能够模拟人类专家处理各种问题，适合被运用于会计工作上。他们也表示，专家系统的应用会对财务工作人员造成就业威胁。具体而言，财务人工智能会对财会人员工作产生两点影响：

第一，财务人工智能的发展加大了财会人员的工作压力。基础核算财务岗位越来越少，财会人员需要不断提升自身的综合管理能力，以满足企业需要。企业对于财会人员的需求类型正悄然发生改变。

第二，财务人工智能的发展使得财会人员的职业转型速度加快。财务人工智能不但能够代替财会人员处理包括传统财务核算工作在内的很多工作，但与财会人员相比，财务人工智能并不能完成会计行业涉及的所有工作。在这种前提下，财会人员要大力提高自身的战略分析能力和判断能力，不断完善自身素质，提升财务管理水平，延长自身的职业生涯期限。

第二节　智能化财务促使财务转型的新技术

一、智能化全面驱动财务转型

（一）智能化带来的财务管理模式转型

以大数据、云技术、物联网、区块链、人工智能等为代表的智能化技术正以风卷残云之势改变着财务工作的岗位、流程、内容和模式，企业财务管理在思维模式上的转型也因此面临了新的挑战。

1. 集团管控向全局视角的转变

在传统的财务管理模式下，集团财务管控长期以来一直是企业所面临的难题和挑战。对于企业集团来说，存在横向、纵向的信息壁垒，存在横纵信息割裂。

从横向来看，集团内的各业务板块及板块下的各专业公司之间存在壁垒。从集团的视角来看，业务板块及专业公司之间的信息以烟囱状的形态存在。不同专业公司之间的信息可比性存在问题，各公司之间的协同财务效果难以进行清晰的评价，专业公司之间财务结果的可比性也会存在问题。

从纵向来看，集团和专业公司、专业公司总部与下级机构之间每一个层次也都存在信息壁垒，集团难以穿透到专业公司内部看清其经营情况，而专业公司总部也不排除和下级机构存在信息不对称和不透明的情况。

造成这种信息割裂状况，一方面是因为管理机制，另一方面是因为在技术层面，采用传统的信息化架构模式，数据在集团层面的高度集中是困难的，多数情况下，数据在不同的管理主体中分散存储，进一步造成了数据透明的困难。而在技术智能化后，基于大数据、云计算等技术的支持下，更广范围的数据集中化管理得以实现，集中化的数据中心突破了集团内横向和纵向的信息限制。以足够的技术条件为基础推动管理变革的发展，成功的概率也会更大，从而进一步打破由于管理所造成的信息壁垒。

当我们实现了数据在集团内横到边、纵到底的通透后，集团财务管控的模式能够发生本质上的改变。传统模式里的块状管控模式向全局管控模式的转变也能够得以实现。而对于企业集团财务转型来说，这种模式的转变具有极其重要的意义与价值。

2. 集团流程管理向敏捷化的转变

企业集团财务信息化迈向智能化的进程伴随着流程再造的过程。在从人工管理向财务自动化管理过渡的过程中，已经发生过一次非常重要的流程再造。在管理制度化、制度流程化、流程系统化的过程中，流程与系统被紧密地结合在了一起。费控系统和预算管理系统的出现很好地诠释了这种改变，费控系统使员工填写纸质单据并交由领导审批，经财务记账付款后，全面的线上化就呈现了出来，以纸质单据单线程流转为主要方式的信息流转也成功更新为实物流和信息流的双线程流转。

在建立了预算管理系统后，依靠 Excel 开展多级人工汇总的预算编制过程完成了线上化，这很大程度地提高了预算编制流程的整体效率。而预算控制也由以往只能在核算完成后的事后控制转变为事前或者是事中控制。

以上结合信息系统从人工向自动化管理转变的过程中所发生的流程再造，更多的是形成了一套新的固化流程，是对财务人员升级后的管理思维的适应。而在智能时代，流程与系统的结合方式还将发生进一步的升级，从固化向敏捷流程跃迁。在智能化阶段，内置规则类似条件数方式的流程流转决策机制转变为基于人工智能的优化策略的选择：在流程流转过程中，系统能够更为灵活地根据管理模板设定流程流转的路径和复杂度，如针对不同风险程度的单据，能够灵活动态地决策是否需要更高级别的领导或者是财务人员进行审批、审核。再如，在管理决策的过程中，智能系统可以通过判断决策分析后获得信息的紧急程度，并据此进行不同的后续信息反馈流程。简单地说，流程不再是固化的模式，而是基于目标的敏捷和弹性的管理模式。

3. 集团财务运营向自动化、智能化的转变

在智能化过程中，相比管控的全局化及流程的敏捷化来说，集团财务运营向自动化和智能化的转变是相对容易实现的。

所谓集团财务运营是指在当前财务工作中涉及的工作量大、标准化高的财务作业。在财务领域，这一类业务消耗了大量的人力，但其价值产出却相对有限。

因此，针对这一领域的财务信息化能力建设始终是重点和热点。

在过去，大量财务信息系统的建设已经在这一领域自动化的实现中发挥了重要作用，如银企直连取代了以往网银方式的资金作业，通过简单的会计引擎，实现了记账从人工向自动化的转变。但是，在智能技术不断发展的前提下，该领域依然需要秉持自动化原则进行更新改善。

财务运营领域的智能化首先需要实现所有财务作业输入信息的数字化，如上文谈及的OCR技术、众包模式等都能够帮助解决此问题。而随着电子发票、电子合同的普及，大多数纸质凭证将从源头上采取数字化措施，计算机能够以此为跳板根据财务人员工作的思考、分析、判断等方面的动作，系统化建立规则与模型，进而实现自动化、智能化处理财务运营业务的目标。

在具体的应用中，财务共享服务中心是财务运营智能化的主要组织，但在企业的各级机构中，同样存在大量的财务运营自动化和智能化的机会。

（二）智能化带来的组织革新

伴随财务的智能化发展，财务管理模式不断更新，财务组织形态的转变速度也不断加快。

1. 财务组织的智能化外延扩展

在财务转型的上一个阶段中，大部分企业建立了战略财务、业务财务、共享服务、专业财务四位一体的财务组织架构体系。这一转变很好地支撑了企业集团从传统财务模式向现代财务模式的转变。但是，这一组织形态在智能化的进化中还在发生着进一步的演进。以四位一体构体系为基础，出现了具备外延扩展特征的创新组织，这些组织的出现为财务向智能化转型提供了重要助力。

首先，数据中心的出现。在数字化时代，大数据已经成为企业发展的重要支撑，无论是对数据的管理还是应用，都极其重要。在传统的财务组织中，数据的处理都是分散在不同的财务职能中的。在这种模式下，数据的集中度不足，也难以满足大数据的要求。而财务数据中心的建立，能够从组织上保障数据的集中化管理。通过这样一个团队，实现数据探源、抽取、存储、维护等全过程的管理，为后续进一步基于数据展开大数据分析、人工智能应用带来重要的帮助。这样的组织应该是跨越财务、业务以及信息技术的能力边界之上的，团队人员需要具有一定的复合技术能力。

其次，管理会计等专业化数据应用团队的组建。数据中心实现的是对数据基础的管理，在此基础上，数据的应用至关重要。因此，在企业的组织进化中，也需要专注于数据应用的专业化团队，如最为典型的管理会计团队，会在基础数据的基础上进一步研究数据的分摊方法，分析多维度的成本盈利情况，构建基于管理会计的考核体系等。此外，经营分析团队也属于数据应用的专业化组织。通过这些职能的构建，数据及智能技术与财务管理的实际应用场景进行结合，能够带来更好的智能化价值。

最后，财务智能化团队的建立。财务的智能化技术和传统的财务信息化已经有所不同。对于企业来说，需要将传统的财务信息化队伍向智能化进一步升级。当然，如果企业还没有建立信息化队伍，那么构建的必要性就更加突出了。在财务智能化团队的职能中有两个方面比较重要：一方面是围绕应用需求进行场景构建的能力，财务智能化团队要能够进行业务需求分析，能够帮助财务部门各业务团队去发现和挖掘智能化的应用需求，并思考如何通过信息技术满足这些需求。另一方面是技术能力，能够将业务需求转化为技术需求，并能够与科技部门展开有效沟通，推动科技部门对业务需求的落地实现。

智能化背景下的财务组织较之传统模式，将更多地以数据和场景为核心，进行智能化的外延拓展。

2. 财务组织从刚性向柔性转变

在财务组织的智能化外延扩展的同时，另一个财务组织的变化——财务组织由刚性向柔性的转变。

对于刚性管理来说，最具有代表性的当数泰勒的科学管理理论，这套理论不少大学的管理学课程都有过介绍。泰勒的科学管理思想包括作业管理、组织管理和管理哲学三个核心内容。其中，作业管理强调的是如何通过科学的工作方法、培训方法和激励方法来提升劳动生产率。当然，传统管理的刚性并不仅仅体现在科学管理理论，在现实的管理工作中到处都有刚性管理的影子，如组织中森严的管理层级、制度中可能存在的简单粗暴、流程中缺少变通的执行方式，信息系统中难以改变的架构等。

在《企业柔性管理：获取竞争优势的工具》中，安应民强调：从本质上来说，柔性管理是一种对"稳定和变化"同时进行管理的新战略，它以思维方式从线性到非线性的转变为前提，强调管理跳跃和变化、速度和反应、灵敏与弹性，它注重平等和尊重、创造和直觉、主动和企业精神、远见和价值控制，它依据信息共享、虚拟整合、竞争性合作、差异性互补等实现知识由隐到显的转换，为企业创造与获取竞争优势。

在智能时代，财务进行自我改变的呼声越来越大。能够被人工智能处理的包括财务审核、会计审核、资金结算等"刚性"工作将会越来越多，这可以让财务人员节省精力，推动创造能力和柔性管理能力的开发与提高。

在智能化大背景下，财务组织的柔性主要体现在以下两个方面：

第一，组织架构的柔性。在传统的财务组织中，层级式架构最为常见，这也具有极强的刚性。而这种架构模式并不利于创造性的发挥，反而在很多时候会成为财务组织创新和能力提升的束缚。而柔性的财务组织则可以更多地考虑减少组织层次，建立扁平化的财务组织。此外，可以更多地使用团队的架构方式。基于阶段性的创新目标灵活地设置团队，能够更好地适应智能化的组织需求。

第二，财务文化的柔性。传统财务组织中的文化呈现出严谨性特征。这与需要充分发挥技术想象力和进行场景创新的智能化的诉求是不相匹配的。因此，财务组织中文化的改变也是必要的。在组织文化的构建中，应当在更多地鼓励协作型的文化的同时，构建鼓励创新的文化氛围，以促进财务组织从刚性向柔性的转变。此外，适度引入市场文化，让财务工作能够适度地以市场化的方式参与公司经营，对柔性文化的建立也是很有帮助的。

（三）智能化带来的团队和人员能力升级

财务转型进入智能化阶段，运营模式、组织将会产生相应变化，财务团队、财务人员更要着力推动能力升级，这种能力升级主要体现在财务人员创新能力升级和财务人员知识结构升级两个方面。

■ 智能化财务在企业的应用研究

1. 财务人员创新能力升级

智能化时代对财务人员的创新要求和传统财务时代有了显著不同，创新的压力来自多个方面。

首先，智能化将在当前及未来相当长的时间内，对整个社会经济带来重大改变。在这个过程中，传统的商业经济模式会快速发生变化，每个企业集团的主业都会受到这一浪潮的影响，并发生深远、快速的变革。财务部门作为每个企业必备的职能管理部门，协助企业管理层推进公司战略实施，从决策上支持企业经营发展都是其重要任务。在企业主业发生快速变化的时候，财务人员创新能力的提升如果没有办法跟上企业发展的节奏，可能会对企业的经营发展造成不利的影响，或者说难以起到应有的支持作用。

其次，财务管理的方方面面都在因为智能化的出现而发生各种改变。财务人员自身如果在这一过程中没有认识到，或者说是应对得不及时，所在的企业在财务管理水平上将无法紧跟市场步伐，财务运营效果、决策支持力度、资源配置能力都产生波动，甚至出现瓶颈。因此，财务人员在财务专业领域积极地提升创新能力至关重要。

那么，对于一个被广泛认为需要严谨地开展工作的群体来说，如何提升创新能力呢？可以从四个方面着手提升财务创新能力。

首先，在实现财务创新本身就困难的情况下，应该将创新的方向聚焦业务管理层面，并保持与公司发展战略的一致性。财务创新并不是孤立的，当财务创新的目标与公司发展战略的目标高度一致时，财务创新能够获得最大化的资源保障。与此同时，管理层也容易认同和理解财务的创新工作，避免不必要的沟通和解释。

其次，要在财务中打造鼓励创新的文化环境。创新本身并不是一件简单的事情，应该建立必要的机制，对于积极作出管理创新的财务人员给予鼓励或奖励。通过对创新的正向激励，让一线的财务人员有意愿参与到这一过程中去，而不是将创新作为机械的任务来看待。

再次，要建立适合创新的组织环境。在层级森严的组织中是很难孕育出创新精神的。因此，在鼓励创新的同时，要适度打破组织边界，让跨团队的交流成为可能。项目制是打破组织边界很好的工具，不妨考虑将财务项目作为创新的摇篮最后，创新本身就是一种尝试，对于财务人员的创新试错要有一定的包容性。对财务人员给予了极大的包容性，甚至在很多时候鼓励财务人员试错，以取得创新成功。因此，好的创新生态应当具有技术试验环境，让大家能在不断地尝试中找到正确答案。这一点对财务人员尤为重要，因为财务人员对创新的态度本就高度谨慎，一旦受到打击，将严重影响其积极性。结合以上四点着手进行财务团队创新能力的升级，将为财务转型迈入智能化阶段奠定很好的基础。

2. 财务人员知识结构升级

智能化阶段对财务人员的知识结构提出了新要求。传统模式下的财务人员大多具备专业背景，他们或者从核算基层做起，或者从税务基层做起，在具体工作中不断更新、优化自身知识结构，久而久之成为精通特定领域的专家。这种发展历程在传统财务发展阶段的很多财务人员身上都有所体现。

但必须认识到，随着智能化阶段的到来，很多新进入财务工作领域的人员已经不再有机会经历这样一条发展路径。一方面由于技术的发展，基于网络的专业协同和专业分工变得越发主流，这使从一开始就迈入特定基础工作领域的财务人员很有可能在后续的多年中始终没有机会接触到更大范围的知识领域。另一方面由于技术的进步，越来越多的基础工作会被计算机替代，这使得新入行的财务人员根本没有机会接触到最基础的财务业务。

在这种情况下，团队中财务人员想要在智能化阶段发挥其价值，就必须慢慢脱离传统的职业发展方式，从一开始就树立全局观和系统观，及早构建完整的财务知识结构的框架体系，知道财务各职能中的模块构成，以及各模块的相互作用关系。

在这一框架体系的支撑下，企业应当鼓励财务团队成员构建自己更为宽阔的专业知识体系。通过系统化和全局化思维，先构建一个知识面，再逐渐加深知识面的厚度，同时选择少数专业领域重点钻研。这种团队人员的发展模式能够让财务人员在智能化阶段更好地适应多变的技术环节，并能够为及时调整自身的发展方向打下基础，从而具有更大的职业弹性。

综上所述，智能化阶段的到来将全面驱动财务从模式、组织、文化、人员多个方面进行转型。成功转型的财务组织也必将为企业经营迈入智能化阶段提供巨大的助力，这也是财务人员应有的贡献和价值。

二、智能化财务探索与实践

（一）人机共生、协同进化、管理赋能的会计管理生态系统

人类思维与机器运作都有长处和不足，完全用机器取代人类的做法是不对的，人机协同共生才是明智选择，要从伦理安全、流程配套、系统衔接、组织分工、风险管控、成本收益等多个角度对人机共生的智能财务管理系统模式进行研究和优化。智能会计的发展能够推动"五化"（数据化、智能化、数字化、信息化、智慧化）的融合，进而将复杂的经济业务信息归纳为通过数字形式呈现出来的大数据信息，并通过高水平的算力和算法实现会计核算、会计预测、会计分析、会计决策、会计控制、会计评价、会计预算。

（二）发掘更多智能财务应用场景

要对成熟人工智能技术运用于财务领域的宝贵经验进行总结。首先，场景和体验应成为会计工作的着力点。在智能时代，会计工作具备场景驱动、体验优先的特征，科技与人的有机融合和跨知识融合是十分重要的。其次，要以财务共享的方式推动业财融合。要通过财务共享促进会计核算的自动化和决策支持的智能化发展，深化业财融合的改革。最后，提高对大数据应用的重视程度。要从大数据应用层面入手，让预测更加准确，并让集团管控更具可视化、智能化特征。

（三）提升数据移动化和可视化水平

数据可视化利用的是智能化技术和前端数据分析技术，以筛选用户需求为前提，让用户在可视化图表、可视化屏幕数据中了解不同数据对应的真实含义。可视化可以使数据流更加精简、详细，让用户通过交互方式对数据进行筛选，以更加直观、及时地掌握所需信息，进而快速熟悉蕴含于复杂数据的规则与问题，数据可视化在管理会计领域的成功案例是仪表盘和管理驾驶舱。此外，不断普及的5G技术使得移动应用的范围不断扩展。传统企业信息系统正在以移动端为目标进行快速迁移，就管理会计信息化领域而言，移动最需要分析功能。在企业管理决策者对信息采集的实时性要求不断提升的情况下，移动分析报表的普及程度越

来越强。不断增多的移动应用场景丰富了数据可视化的表达方式，如大屏幕的集中报表显示、管理者的个性化展示等。管理者可以随时随地根据业务进展情况，分析局势并作出下一步安排。

总而言之，人工智能技术的发展，进一步推动了智能财务体系的构建、三流融合以及"大会计"的发展，同时也加大了会计人员的职业压力及财务信息泄露的风险。所以，在这种情况下，构建人机共生、协同进化、管理赋能的会计管理生态系统是很有必要的，这样可以促进财务人员向智能财务管理方向转型，并发掘更多智能财务应用场景，提高数据移动化、可视化水平。可以说，智能财务是财务发展的必然产物。

第三节　智能化财务管理新逻辑

一、财务组织与认知的新逻辑

智能时代的到来改变了财务组织、财务人的认知以及财务信息技术，但更重要的是改变了财务逻辑，来自逻辑层次的改变才是最终的改变。当我们面对智能时代，苦苦寻觅该做些什么的时候，不妨跟着一起来思考智能时代的新逻辑。

（一）管控：局部与全面

受组织壁垒的影响，在现代财务管控中，上到集团、业务模块，下到专业公司、机构，数据壁垒存在于不同层次之间。人力无法直接渗透于最末端问题的关键解决方法是开展集团管控，但在数据壁垒的影响下集团管控的效果会愈发降低。在智能时代，数据会越来越集中、越来越透明，无边界化很可能得以实现。这个时代的新逻辑之一是：数据壁垒被打破，意味着财务管控将从局部拓展到全面。

（二）知识：纵与横

现代财务管理对财务人的要求首先是专业的纵深能力。由于财务管理本身涉及会计、税务、预算、成本等多个垂直领域，很多财务人常年围绕一个纵深领域从事工作，也因此形成了自身在某一领域很深的专业能力。然而，与前文类似，智能时代的新逻辑之一是：智能时代为财务管理提供了拓宽视野的舞台，人工智能能够提高财务人员的知识储备量，具备横向宽度、可以跨专业领域协同创新的新知识体系是比较欠缺而又重要的。

（三）观念：被动与迎接

在当下，很多财务人员的意识比较倾向于被动，无论是他们自身还是其他人，都认为财务人员在处理问题时要足够严谨。在很多企业的管理层和业务部门眼中，财务部属于公司的后台服务部门，只需尽职尽责地完成岗位任务即可。在这种观念下，财务部门无法获得足够的资源，对管理发挥的推动作用自然十分有限。智能时代要求财务人员要以大数据、智能分析为基础，具备主动发现、主动管理的意识与能力。这就要求财务人员要向"强势财务"靠拢，摒弃被动响应的习惯，主动面对挑战。当然，这也属于智能时代观念的新逻辑。

二、财务管理技术的新逻辑

财务主体的核心脉络是管理技术。如果管理技术水平够高，财务主体运转的顺畅程度也就越高，并且能呈现出充足的能量。在财务管理技术逻辑产生转变的情况下，财务触及的管理技术领域也就更加广泛，更加先进、更具价值的管理技术工具也就能够出现。下文从数据、计算、记录、流程、互联五个角度对财务管理技术的新逻辑进行阐述。

（一）数据：小与大

结构化数据是传统财务数据进行处理与分析的基础，我们可以将其称作"小数据"。依据"小数据"，传统财务分析领域的技术工具得以顺利开发。即使现在已经是智能时代，"小数据"也不是完全可以舍弃的，因为很多的财务管理理论仍然发挥着作用。从智能时代数据的新逻辑出发，正确的处理方式是不仅要重视"小数据"工具，也要提高对大数据的重视程度。以大数据为基础的技术工具能够处理大量非结构化数据，并帮助财务人员打破传统思维的束缚。

(二)计算:本地与云端

无论是传统的信息系统,还是传统的信息构建,其部署基础大多是本地。以用户的视角来看,本地部署模式能够让管理需求匹配得更加灵活,按需建设也能更好地发展。但本地部署量的增多让其负面影响变得越来越大,相应的运维成本的投入水平变高,被占用的企业资产也越来越多。从智能时代计算的新逻辑出发,虽然这种情况在算力不高的传统时代可以长期存在,但在智能时代,大数据和机器学习都需要海量算力,传统的本地部署模式举步维艰,包括公有云、私有云、混合云在内的云计算成为首选途径。

(三)记录:集中与分布

在传统财务中,记录信息时大多采用集中记录的方法,这种记录方法具备特定的"中心"。一方面,这种记录方法的数据存储量不大,所耗资源有限;另一方面,运用这种记录方法所收集的数据不具备高水平的安全性、一致性。业财不一致或不同系统之间的同源数据有差别是导致公司发展困难的重要因素。按照智能时代记录的新逻辑,在智能时代,区块链的出现能够革命性地转变记录方式,用分布式记账法代替以往的集中记账法,并利用去中心化的手段多账本同步记录各种财务信息。这种财务信息记录模式所导致的数据烦冗问题能够由飞速发展的网络与存储技术加以克服,使得我们可以在更多场合对信息记录进行从集中到分布方式的处理。

(四)流程:稳健与敏捷

流程固化是使得传统财务端到端流程更加可靠的方法。在业务流程处于文件状态的前提下,流程会更加可靠,也更易于维护,但灵活性、相应客户需求的可能性将会缺乏,客户满意度自然就会受到负面影响。按照智能时代流程的新逻辑,在智能时代,更加高效的流程引擎能够对多维度流程控制提供大力支持,也能从动态数据出发,对流程控制参数加以调整。此外,流程中所增加的自动处理环节使得运营面对流程变动时更具抗压能力。以此为背景,可以实现流程从稳健向敏捷的适度转变,客户满意度也会有所提高。

（五）互联：数联与物联

在传统财务里，流程处理、经营管理都注重数字之间的流转关系。在数字经济时代，经营管理过程和流程能够以数字形态呈现出来，方便我们量化管理。按照智能时代互联的新逻辑，在智能时代，存在以数联为基础进行物联概念的叠加的新途径。物联网的应用范围越来越广，已经涉及企业经营中的关键实物、人、财务凭证等方面的流动。实现物流数字化，可以帮助我们进一步对其进行全方位分析，分析角度也比以往更加丰富，如更加复杂的物流运输成本。在数联基础上添加物联信息，本质是让物联向数联进行转变。

三、财务管理实践的新逻辑

财务管理实践的逻辑转变，能够让我们在实践工作中引入不同的视角，通过另一种模式对现有的实践进行转换和升级。让我们从绩效、预算、管会、控本、业财、共享、财资七个关键词来看财务管理实践的新逻辑。

（一）绩效：因果与相关

在传统的财务管理中绩效管理通常会预先设定因果，通过设定关键绩效指标（KPI），并设定目标值来监控业务部门的执行情况。当KPI结果发生偏离时，势必要找到其原因，再进一步寻求解决措施。这是典型的因果分析法，也是当下主流的绩效管理思维。但在智能时代，大数据并不强调因果关系，而是更关注相关性。这为经营分析打开了另一扇窗。基于大数据分析，我们从数据角度寻找影响KPI偏离的因素，并获得其影响方向，直接对这些因素进行干预管理，不解释为什么，不用必须向业务部门说明其中的逻辑。这是智能时代绩效的新逻辑。

（二）预算：经验与数配

传统的预算编制或资源配置往往基于经验，即使采用复杂的作业预算概念，其中的业务动因也大多是基于经验形成的。我们可以将传统预算视作经验预算，它要求预算编制人员具备足够的经验，但其结果充满不稳定性，因为有很大的弹性和足够的空间存在于预算沟通过程中，沟通双方都无法寻得能够说服对方的逻辑思维。按照智能时代预算的新逻辑，在智能时代，大数据具备可预测性，以其为基础进行数据分析，从结果上可以发掘对经营结果产生影响的热点因素。在热点资源投入被确定后，精准预算、精准资源配置将会得以实现，其通常被称作数配。

（三）管会：多维与全维

传统管理会计的核心部分就是维度，而维度往往又是很多管理会计人的痛苦回忆。以当前模式为基础，关系型数据库在性能上已经无法帮助管理会计对多维度盈利分析目标的实现。在当前，多维数据库多被用作管理会计系统数据的载体。即使这样，在管理设计中，大家对维度仍然极其谨慎，减少一切不必要的维度，以提高运行效率。而在智能时代，无论是算力还是数据处理模式都将可能有更大的提升空间。尽管在当下还没有看到技术突破至理想的状况，但相信在不远的将来，维度的组合计算将不再是业务设计的约束，全维管理会计将成为可能。这是智能时代管理会计的新逻辑。

（四）控本：后行与前置

传统的成本管控往往是在成本发生后进行的事后追踪。即使往前推进一步，做到设计阶段的成本管理，这样的成本管理方式在现阶段也是必要的，是能够发挥作用的。按照智能时代控本的新逻辑，智能时代背景下，技术不断提高，成本和费用不断被细分为诸多子类，每个子类都具备延伸潜力，进而发展为如商旅管理系统、通信费管理系统、品牌宣传管理系统、车辆管理系统等各种专业前端业务管理系统，这些系统与财务系统巧妙连通，能够将成本费用的管理转移到业务过程里。

（五）业财：分裂与融合

从整体看，传统的业务系统和财务系统是互相分离的，业务系统以数据体外传递为主要方式实现其与财务系统的数据对接。最近几年，业财融合不断发展，很多单个业务系统独自开发会计引擎，进而与财务系统进行对接，但依然无法扭转不同系统互相分裂的态势。按照智能时代业财的新逻辑，在智能时代，会计引擎要不断更新复杂性能力，并力求开发大型企业内部统一的会计引擎，以此为基础构建整合前端多个业务系统的新的业务系统，完成业财由分裂到融合的转变任务。

（六）共享：人工与智控

比较典型的劳动密集型运用模式被广泛运用于当下的财务共享服务，互相分离的财务作业因此被集中化处理。在过去十年间，这种模式很大程度上帮助国内企业渡过了运营成本高、管控能力欠缺的难关，但这并不代表这种模式毫无风险。按照智能时代共享的新逻辑，在智能时代，主要依靠人工作业的模式将被以人工智能和机器学习为主的共享作业模式替代。以丰富采集的前端数据为基础，从智能规则出发，共享服务中的作业人力资源将被有效削减，企业运营模式也将从劳动密集型转变为技术密集型。此外，人工智能能够让更为丰富的智能风控得以实现。

（七）财资：平面与立体

在传统的财资管理系统中更多的是平面化的财资管理，所谓的平面化是指将财资管理的重点放在账户管理、资金结算、资金划拨、资金对账等交易性处理流程上。这也是很多国内企业目前资金管理水平的基本状况。在智能时代，资金管理模式技术需要更强的支持力度，财资管理更加趋于立体化。一方面，财资管理由交易处理模式向司库管理模式转变，资产负债和流动性管理、风险管理等领域的实践不断丰富。另一方面，财资管理从企业内部资金管理模式向供应链金融模式转变，构建起多维度立体的财资管理体系。这是智能时代财资的新逻辑。

第三章　企业财务智能化转型

随着以科学技术为主体的知识的生产、分配和使用（消费）在经济发展中所占比例逐年大幅提高，管理显得日益重要。要使科学技术转化为生产力就必须依赖于科学管理。本章内容为企业财务智能化转型，包括财务共享服务转型、企业司库转型、财会人员转型三方面的内容。

第一节　财务共享服务转型

一、财务共享服务概述

（一）财务共享服务的概念

共享服务模式起源于美国，国内外学者对其概念有不同的理解。目前广泛接受的定义是，共享服务是一种商业模式——以客户为中心＋服务费＝业务。以客户为中心意味着只有明确的客户群才能保证公司后台的工作。在设计服务产品时，公司后台部门所提供的个性化服务是需要根据其他部门的工作安排和客户愿意提供的资金来决定的。

具体而言，在新的共享服务模式下，企业管理不再是零散的，而是经由在不同业务单位的相同部门进行工作整合，最终成为现在我们所看到的共享服务中心，在这个中心内部，是由不同的工作单位负责一个或多个工作环节或内容，整个工作过程变得更加体系化和系统化了。共享服务中心的工作方式就是：通过企业的一些远程操作手段，如电子邮件、ERP系统（企业资源计划）和电话等形式为客户单位提供所需的服务，同时按照一定的收费标准进行收费。

而对于提供这些服务的企业内部客户而言，它们的工作就更加便捷了，不再需要专门设立支持自己工作的相关部门了。一般来说，业务支持服务主要是集中在人力资源、法律咨询、采购研发和金融等领域。同时，随着通信技术和企业ERP系统的发展，企业支持服务的整合可以在国家、区域甚至全球范围内进行。

财务共享服务模式是共享服务领域中最常见、最典型的，也是一个至关重要的组成部分。共享服务模型起源于财务部门，被视为企业财务管理流程再造的有效方式。埃森哲（Accenture）在全球共享服务领域的调查显示，财务行业一直是各种业务中使用最广泛的共享服务模式。

（二）财务共享服务的基本特征

虽然在相关学界领域中，各个专家学者对于"金融共享服务"的定义有所不同，企业在应用财务共享服务时所采用的方式也各有侧重点，但是最终还是总结出了以下几个基本特征。

1. 作业标准化

利用流程管理实现作业标准化、规范化，强化内控并创造价值，这是任何一家企业应用财务共享服务模式最基本的诉求。建立统一的运作模式，将原本呈现出分散式业务工作的流程和环节进行统一化操作，制定统一的工作标准和实施原则，这也是维护共享财务服务中心的一大重要原则和依据。

2. 规模效应

众所周知，之所以财务共享服务在海内外的大型企业中十分普遍，归根结底还是因为企业财务交易量之巨大，仅靠公司内部是无法完成和处理的。财务共享服务能够通过合并以前协调性差和完全不同的业务活动来形成规模经济，从而降低企业财务成本。

3. 技术依赖

财务共享服务中心是一项由高科技支持的新产品。其日常运营在很大程度上依赖于高度集成和高效的软件系统和远程电子通信工具，因此远程服务可以取代面对面服务，并在方便、有效和快捷的情况下为世界各地的业务单位提供服务。例如，财务共享服务中心常用的高科技包括企业ERP系统、电话语音系统、图像采集/传输系统、文件处理系统等。

4. 服务导向

财务共享服务中心以客户需求为导向，旨在提高客户满意度，为内部客户提供专业服务，优质高效的服务，如交易处理、信息披露、财务数据产品、管理支持等。财务共享服务中心还可以在市场上为外部客户提供有价服务。

5. 市场机制

成熟的财务共享服务中心采用市场机制独立运营，商业模式计价收费，甚至引入外部服务供应商竞争机制，由内部客户选择服务方，促进财务共享服务中心不断提高服务效率和服务质量。

通常，财务共享服务中心通过签订服务水平协议来定义与内部和外部客户的服务关系，并制定服务内容、时间限制、质量标准、服务前提、定价标准等。

6. 专业分工

财务共享服务中心根据服务内容所需专业知识和技能的不同，细化内部职责分工，为客户提供专业化的财务共享服务。

（三）财务共享服务的分类

通过研究海内外的财务共享模式实践案例，我们发现，财务共享服务主要还是集中于大型集团企业之中，对于那些业务范围跨越国家和地区的企业更是如此。因为当公司的规模达到一定程度后，初始成本在进行分摊时就会更加均匀，同样对于降低成本来说效果也是更加显著的，这就是财务共享模式的优势所在。因为海内外市场环境的客观性差异的存在，所以不同企业和公司所采用的经营策略和构建的组织结构自然也会有所不同，但这对于财务共享服务中心来说并不是很大的障碍，在一定程度上它是因为差异化、个性化和多元化特征的存在。

1. 按照服务对象来划分，可以分为自建型和外包型

所谓的自建型财务共享服务中心，面向的客户群体主要是集中在企业内部，是一种为其提供财务支持的模式。自然外包型财务共享服务中心，所主要进行的就是财务外包服务，因而也可以称之为商业化的财务共享服务中心经营模式，也就是说，企业会将一部分财务工作流程委托给专门提供外包服务的服务提供商，由其来完成财务职能。通常，企业选择外包型财务共享服务模式主要剥离日常交

易重复度较高，事务处理易于自动化、标准化和规范化，不需要财务专业判断，低附加值或非核心的财务业务支持服务。相反，与管理决策相关性大，涉及企业商业秘密信息的，或需要财务专业知识理解、沟通和判断的，或涉及政策法规及专业性较强的流程，往往纳入自建型财务共享服务模式，不做服务外包。

2. 按照服务内容来划分，可以分为交易处理型和业务伙伴型

交易处理型财务共享服务中心主要整合财务日常交易处理事务，执行统一、明确的工作标准，实行流水线式作业流程。跨国企业新建立的财务共享服务中心往往采用此种模式，因为常规活动较易整合，通过规模效应、流程标准化带来的成本降低效果能够较快体现。业务伙伴型财务共享服务中心不仅为各业务单位提供最基本的一般性财务事务处理服务，还提供更高附加值、支持企业经营管理和业务发展的财务专业性服务。例如，提供业务单位所需数据产品、财务分析，辅助资金管理和预算监控，提供重要财务政策指导等。

一般来说，按照这种分类方式，交易处理型和业务伙伴型的财务共享服务中心所处理的日常工作体系和流程更为清晰明了，处理过程也更为简便，甚至无需专业财务人员的判定，具有统一的作业标准，由此看来采用服务外包模式是可以在一定程度上节约财务处理成本的。

3. 按照组织形式来划分，可以分为实体型、虚拟型和混合型财务共享服务中心

实体型财务共享服务中心有形地存在于企业内，所有服务功能和机构都集中在同一地点。虚拟型财务共享服务中心的某些服务功能和机构则设在不同的地点，利用全面电子化、网络化，彼此进行工作沟通和联系。虚拟金融共享服务中心的一些服务功能和组织位于不同的位置。他们通过全面的电子和网络进行沟通和交流。混合型财务共享服务中心结合了这两种模式。其主要服务功能和机构位于一个地方，而一些支持或扩展服务功能和机构位于不同的位置，并通过网络等通信工具保持联系。虚拟财务共享服务中心被视为财务共享服务中心的未来发展方向。哪一种财务共享服务中心更有优势并没有定论，每个企业都可以根据自身实际情况，确定适合的运作模式。

(四)财务共享服务的作用

显而易见,财务共享服务模式为企业发展带来的好处是体现在多个层面的。从本质上来说,财务共享服务就是企业财务组织转型的结果,是财务管理和财务服务的一种创新,实现了财务服务资源的整合。

1. 节约成本

在分散的财务组织模式下,每个业务单位均需设置相应的财务支持部门,设置相同岗位和人员,不同地区大量人员从事几乎同质的财务处理工作。实施财务共享服务,将财务服务部分内容整合到财务共享服务中心处理,撤销各地重复设置的部门和岗位,从而减少从事结算、审核和核算等操作类工作人员数量。同时,金融共享服务中心使用流程优化和工作分工来消除大量重复和冗余的工作项,并且可以降低服务成本。

2. 强化风险管控

在实施财务共享服务的过程中,风险控制是选择服务范围的重要考虑因素之一,甚至成为部分企业建立财务共享服务中心的核心需求和主要驱动因素。在强化财务风险管控方面,财务共享服务模式具有明显强于分散模式的优势,它利用集中的组织架构、相对独立的经营模式、统一的系统工具、标准化的流程和统一的执行规范等措施能够最大限度地降低风险,有效地防范风险。

3. 提高效率

财务共享服务不同于简单的业务集中处理,它不仅将原本分散的财务服务流程和工作系统化和体系化了,还把最终的落脚点放在了财务服务流程的优化和完善上,而统一财务处理流程和建立系统化财务服务模式仅仅是其中的一方面,另一方面是建立有效的甄别流程和环节,在保证风险可控的基础上,建立精简、高效的作业流程,并通过细化专业分工,明确职责与规范,提高各环节运作效率。除此之外,财务服务时效成为重要的绩效管理、内部计价等流程的重要衡量指标,在一定程度上也可以提升财务共享服务中心的工作效率,督促其不断进行工作方法的改良和工作体系的完善。

4. 提升服务质量

提高服务对象的满意度是财务共享服务模式的核心目标之一，也是其与简单集中模式的重要差别。分散模式下，财务人员在物理距离上更接近服务对象，获得客户需求、与客户交流更方便，服务于每一客户的财务人员数量相对较多。相比之下，财务共享服务模式往往拉开了两者的实际距离，改为采用远程通信技术手段加强沟通交流，对每一业务单位或客户提供针对性服务的财务人员数量减少，容易造成客户满意度的下降，尤其在财务共享服务中心成立初期矛盾更为突出。为了最大限度地降低这一问题所带来的负面影响，避免客户群体的大量流失，对于财务共享服务中心而言，它们要将工作重点放在"服务"二字上面，保障财务服务体系的正常运行，建立完整的综合服务体系，为提升自身的服务能力奠定坚实的基础，以此提升最终服务质量。

5. 支持业务发展

对于财务共享服务中心而言，它们就是将企业的部分或全部智能集中到一起，这其实对于企业自身能力的提升和业务的拓展也是具有积极意义的，能够更加灵活、便捷地支持新业务的财务处理，财务专业技能的集中也有利于给予有价值的财务政策支持。荷兰银行的全球现金管理总监曾经评论过：采用共享中心的模式可以帮助企业在较短时间内打入新的市场，特别是在市场拓展初期，企业并不打算在新市场建立庞大而完善的后勤部门的情况。的确，财务共享服务中心有助于帮助企业降低拓展新业务过程中消耗的后援支持成本。

6. 创造价值

当财务共享服务中心逐步成熟时，它将有能力为外部客户提供商业服务，这将为企业带来额外的经济效益。例如，美国通用电气公司（GE）在印度建立的财务共享服务中心——简柏特在为集团服务的过程中逐渐成熟，美国通用电气公司将其60%的股权出售给外部世界以使其社会化，并在获得非常好的回报的同时取得了相当高的溢价收入。今天，简柏特（Genpact）是全球商业服务外包供应商之一，拥有超过36200名员工，每年收入104亿美元，并继续为美国通用电气公司带来高回报。

二、企业财务共享服务中心建设的战略思考

随着时代大环境的改变，我国的科学技术水平不断提升，而财务共享服务中心就是在这样的时代背景下成长起来的，风潮正盛，随后也有不少企业和公司嗅到商机，纷纷加入财务共享服务中心的建设行列中来。但是，对于大型企业来说，它们要想加入这一行列中来，所面对的困难与小型企业相比是更多，也是更为复杂的。由此，接下来我们就主要从企业财务共享服务中心的建设策略、风险和实现路径三方面展开具体论述。

（一）企业实施财务共享服务的策略

1.企业实施财务共享服务需要面对的复杂性

对于大型企业来说，其财务共享服务的实施将存在以下复杂性。

（1）多业态

大型企业经过多年的经营发展，有相当一部分已经实现了从单一业态向多业态的转变。对于此类企业，特别是对业态众多、跨度较大的企业来说，在实施财务共享服务时，在跨业态业务流程的整合与标准化、信息系统的整合与统一方面都将面对相当的复杂性。

（2）高速增长

多数大型企业已经进入高速扩张和发展的阶段，基于投资兼并方式扩大自身规模的发展模式更是常见。在这样的背景下，实施财务共享服务要考虑到未来发展增速带来的拓展性，以及在投资兼并模式下，新企业进入企业后系统不统一、制度标准差异化的环境复杂性。

（3）高定位

对于大型企业来说，在当前阶段建立财务共享服务中心必须考虑到方案及实现后效果的领先性，以获得管理层对项目的支持。因此，在项目设立之初便会设定较高的目标定位，也为财务共享服务的实施带来一定的复杂性。

（4）技术环境复杂

大型企业的信息化建设往往错综复杂，如财务系统众多、业务与财务系统间

的数据交互复杂等。在这样的环境下实施财务共享服务，其配套信息系统建设将影响现有的系统架构和接口，其技术难度也更高。

在这样的复杂环境下，实施财务共享服务需要进行更全面、更严谨的准备，并在顶层设计和落地实现两个方面均予以充分的策略考虑。

针对大型企业财务共享服务的建设，在顶层设计层面，从"管模式"和"控变革"两个角度进行管理；而在落地实现方面，则可以重点关注"定标准""建平台"和"重实施"三个方面的内容。

2. 企业实施财务共享服务的顶层设计策略

（1）管模式

大型企业的财务共享服务模式构建，需要从定位、角色、布局、路径四个方面进行规划设计。

第一，定位规划。众所周知，财务共享服务中心本身的建设会导致企业财务组织整体产生大的变动。由此看来，将财务共享服务中心与企业内部的总部和其他下属机构财务之间的关系要梳理清楚，这样才有助于后续工作的开展。有一点是十分关键的，那就是在正式完成财务共享服务中心的建设前，企业的管理者就要将公司内部的财务组织关系梳理清楚，明确工作汇报和管控之间的界限，同时从横向角度明确各项业务与总部财务之间的关系，从纵向角度处理好基层财务之间的职责界限，这也是十分重要的。不仅如此，管理者还要考虑清楚在正式实施财务共享策略后，基层的财务团队转型究竟该如何推进。

第二，角色规划。因为财务共享服务中心的建立不一定是从企业角度来完成的，因而在这时将总部或企业财务在建设过程中扮演的角色和所要承担的职责明确清楚就显得尤为重要。一般来说，我们在进行角色定位时需要考虑到以下几方面内容：总体规划的建设标准、财务共享服务中心具体的项目管理内容和具体的落地过程等。经过长时间的实践后，我们发现明晰企业定位、明确总部与下属机构角色分工在后续的工作进程中是十分关键的一个环节。

第三，布局规划。对于大多数大型企业而言，它们所建设的财务共享服务中心主要有两种模式，分别为单一型和多中心型，其中多中心型模式具体的内部布局又可以从业务流程、业态板块等方面来规划和实施。显然，在规划和建设财务共享服务中心时，进行深入分析，清楚地认识到自身的特点是十分关键的，只有找到合适的切入点，才能在后续的工作中减少因匹配度低而造成的一系列问题的发生。一般来说，我们可以从对于业务单元的管理力度和业务内容的多元化角度来考虑。

第四，路径规划。显而易见，大型企业的财务共享服务中心的建设要想一蹴而就是不可能的，只有从多角度、多层次出发才能够保证财务服务体系建设的完整性和系统性，在建设的过程中可以按照工作流程、业务单元和地域等不同模式分批次进行建设。总体来说，各个模式本身都是自有优缺点的，如果从地域或业务单元的角度来进行推进的话，对于业务部门的影响是比较小的，而从流程方面来推进的话则对于财务本身的影响是较小的，这就要求企业自身在选择时要分析好时机情况再做定夺。

（2）控变革

在进行顶层设计时，实施变革的重点应放在风险识别和针对突发情况的预案准备上，因此我们在这一阶段，需要将精力放在对于风险事项的监控上，以此来保证建设过程的顺利完成。总的来说，应将风险监控的核心放在变革风险上，因为只有变革管理过程监控到位，才能避免在后续的建设项目落地过程中出现问题。

3. 企业实施财务共享服务的落地实现策略

（1）定标准

第一，组织架构标准化。在大型企业进行相关财务共享服务的建设过程中，组织架构标准化能够在一定程度上加速管理复制进程，同时也能够保证和增强组织管控的力度。要想顺利完成组织架构标准化的工作，最先要进行的就是明确组织内部的职责分布情况，保证工作流程和职责的标准化，这样才能为日后完善工作岗位体系奠定基础，才能最后构建出完整、统一的管控关系。

第二，业务流程标准化。要想进行好业务流程标准化的工作，最为关键的就是要明确好工作流程的分类体系，明晰各个业务场景与流程之间的关系。在此基础上，根据工作细节方面的安排再进行标准化定义，最终形成统一的流程模板，将其编制进流程手册中。由此看来，流程标准化工作的进行对于完善行业规范体系的帮助是十分巨大的。

第三，服务水平标准化。众所周知，每一个大型企业旗下自然是有众多分支的，所涵盖的业务范围和工作人员数量都是十分庞大的，由此看来，要想保证工作进程顺利完成，就要做到服务水平的标准化。对于财务共享服务中心而言，它们首先要明确客户群体的个性化需求，针对这些内容来制定相关的服务模式和确定服务界限，经过长时间的实践活动经验积累，最终总结出一套规范化的服务规范标准。与此同时，我们还要注意在与合作单位客户进行结算时，应当明确相关的指导标准，明确双方的权利和责任关系，以防日后出现纠纷。

（2）建平台

第一，规范系统平台建设要求。在企业进行财务共享服务中心建设过程中，要明确系统平台的架构体系，提前进行规划设计，保障财务共享服务支持系统的一些基本功能，明确系统集成的总体要求，然后选择合理的模式进行系统开发和相关的需求设计工作。与此同时，针对系统平台的建设工作，要保障上线策略的完备，安排好相关人员的培训工作。

第二，建设运营支持平台。为保障大型企业的财务共享服务中心能够顺利运行，基于规模和数量都十分庞大的人员和团队数量，一个完善的运营支持平台是不可或缺的，这样才能既保证工作完成的质量，也能够保证工作完成的数量，提升工作和运营效率。而从企业的角度来看的话，要建设一支人才完备的运营管理队伍，找到在工作过程中发挥关键作用的那个自上而下的抓手十分重要。同时，在具体建设财务共享服务平台时，明确企业在工作流程中所扮演的角色十分关键，确定和选择好适合企业本身的运行方式，这对于达到企业所要求的运营绩效也是具有积极意义的，最后还要对工作成果实施评价，才算是完成了整个工作环节。

（3）重实施

显而易见，财务共享服务本身的工作过程就是十分烦琐的，尤其要注意其中的细节分析和处理，要集合各个部门的人员和资源支持，自然需要消耗的精力也是很大的。而从企业和总部的角度来说，就应该积极投身于各个业务单元的相关财务共享服务的具体化建设中，以此来保证最终的总体计划能够顺利施行。

（二）企业实施财务共享服务的变革风险

1. 与业务部门相关的风险

（1）业务流程转变带来的满意度降低的风险

第一，风险描述。在正式开展财务共享服务后，工作流程发生重大改变，这是必然的。例如，报账凭证将从面对面服务转变为异地服务，由于信息传递链条加长，如果管理不当，业务部门的服务满意度将存在下降的风险。

第二，应对措施。在流程设计上应充分考虑上述因素带来的影响，减少对业务的冲击，减少不必要的审批环节，提升流程流转效率。同时，加强对全流程的时效管理，借助信息化手段提升业务处理效率，推动服务体系的建立，提升业务部门员工的满意度。

（2）财务共享后基层业务部门对变革抵触的风险

第一，风险描述。由于对财务共享不理解，担心被集权或利益被触及，在财务共享服务的落地实施过程中，必然会遇到来自各个机构业务和财务人员的抵制。

第二，应对措施。在进行具体的财务共享工作的开展过程中，要明确工作方案的核心利益所在，充分协调和疏通各个工作环节和流程之间的关系，使整个工作过程条例清晰、主体明确，这样也自然会获得上级领导和下级员工的支持，最大限度减少员工抵触心理的产生，降低其出现的频率。此外，应当明确业务部门比较敏感的领域不会发生变化，如资源配置权力、与银行等合作机构的关系等。

（3）财务共享后业务财务支持能力下降的风险

第一，风险描述。财务共享服务后，由于基础财务核算和出纳职能上移至共享服务中心，如果没有及时落实基层财务的转型和业务支持模式，容易导致基础财务支持的脱节，带来业务部门的不满。

第二，应对措施。在进行具体的财务共享服务方案时，应注意到基础财务在其中所起到的作用，将基础财务转型后的结构变化和人员删减等因素考虑进去，以方便日后工作的顺利开展。同时，要明确基础财务并不是没有存在的必要了，在进行人员删减时要注意不可过多浪费人才资源，以保障后续基础财务结构化转型工作的顺利进行。

2. 与财务人员相关的风险

（1）财务共享服务后人员调动和分流的风险

第一，风险描述。财务共享服务后，基层员工存在调动至共享服务中心、转型至业务财务、分流至其他部门甚至离开公司的可能性。人员的抽调存在员工难以适应异地变迁，产生抵触情绪的风险。

第二，应对措施。企业管理者要清楚基层财务人员的所思所想，了解他们具体的未来工作规划，确定合作意向，同时正确宣导财务共享服务，避免员工产生过多的抵触情绪，以致影响工作的正常进行，要尽可能妥善安排好每位员工，积极做好相关的人员流配工作，保证财务变革计划顺利展开和平稳推进。

（2）财务共享服务后基层财务人员转型的风险

第一，风险描述。我们要明确的是，基层财务工作中所涉及的员工是有层次区分的，部分员工因为以往工作经历和学习能力的限制，可能会出现转型困难的情况。

第二，应对措施。企业管理人员要认识到风险存在，积极对基层财务人员开展相关转型培训，提升他们的工作能力和水平，从多个角度拓宽他们的视野，提升思想境界。与此同时，要完善自上而下的财务指导体系，加强在工作标准化和模板化方面的指导，以降低转型困难。

3. 与业务领导相关的风险

（1）标准化对业务领导管理习惯改变的风险

第一，风险描述。在建设相关的财务共享服务的过程中，势必会进行大量的标准化工作，制定大量的工作标准和规范，但是这可能会影响到部分业务领导的工作，改变他们以往形成的工作习惯，从而就有可能产生抵触情绪的风险。

第二，应对措施。对于工作标准化模式的建立，我们要清楚这不是固定不变、不通情理的，可以根据实际情况保留适当的工作自由度。除此之外，管理模式套餐也是一个很好平衡工作标准和个性化工作需求的工具，能够最大限度减少员工抵触心理的产生。

（2）信息系统建立后对业务领导审批习惯改变的风险

第一，风险描述。实施费控系统和影像系统后，业务领导的审批模式将从纸面审批转变为电子审批，业务领导难以再见到实物单据，带来审批习惯的转变，部分领导难以适应，会带来抵触风险。

第二，应对措施。针对这样的情况，我们可以从企业文化和理念等方面入手处理，而这些相关工作制度等的制定当然都是自上而下进行的。要加强针对业务领导工作理念的转变工作，明确他们在进行审批时要保证工作的真实性和合理性，而对于财务审核而言，更为关键的则是原始凭证的真实性。

4. 其他风险

企业实施财务共享服务的其他风险主要表现为信息系统建设风险。

第一，风险描述。财务共享服务的实施需要完善的IT系统的支持，在较短的时间内完成费控系统、共享作业系统、影像管理系统等多个信息系统的部署。同时，需要打通系统间的接口，尽可能实现业务的自动化处理，提高业务处理效率。由于涉及多家供应商，对系统建设的项目管理存在风险。

第二，应对措施。借助第三方监理进行统一的PMO管理，通过统一协调的管理平台，保障系统的有效运行，控制实施风险。

（三）企业财务共享服务中心的路径

总体来说，大型企业在建设财务共享服务中心时有四种可选路径。

1. 一盘棋模式

在一盘棋模式下发展起来的企业，往往在业态方面所呈现出来的外在表现形式是较为单一的，同时大部分的财务共享服务模式建设工作都是在公司总部的主持下完成的，不仅是总体规划设计方案的提出，还有其他各项具体工作也同样是由其来进行部署的，从总体规划路径到具体的推广和宣传工作中，我们都能看到公司总部的身影。除此之外，总体规划下的具体和细节化工作则是由总部下属的分支业务部门来实施落地的，这当然也是要遵循总部的安排和部署了。总体看来，一盘棋模式下的企业财务共享服务建设都是一口气完成的，而最终呈现在员工面前的效果也是一个完整、系统的整体。

2. 由点及面模式

与一盘棋模式不同的是，采用这种模式进行财务共享服务中心建设的企业虽然整体的业态呈现方式依然较为单一，但总体来说各个业态之间的关联度还是较高的。

一般来说，这种"由点及面"模式就是首先由公司总部选择几个合适的试点单位进行试建设，也就是说这些单位机构分别建立自己的财务共享服务中心，最后总部会根据建设成果和实践反馈效果提炼出一套具有标准化模式的财务共享服务中心模式，供各个下属单位进行推广和实施落地。

3. 制度先行模式

通过研究发现，制度先行模式比较适用于业务存在明显的实质相似性的企业。一般来说，就是首先由企业总部提出适合企业整体发展的财务共享服务建设方案，内容具体涉及业务模式、系统功能和制度体系等，以为下属公司和机构开展相关工作提供建设性建议。接下来，就是由各个业务单元开展具体的方案实施落地工作，这一切都是要遵循总部所设计的总体要求来执行的，根据它们不同的业务性质和个性化要求，最终完成自己的财务共享服务中心的建设。总体来说，在这种模式下建立的财务共享服务中心大多是基于多中心模式或一个中心下的分中心模式最终建设完成的。

4. 上下结合模式

在实际的场景中，这种上下结合的工作模式并不多见，一般也是在非相关多元化的企业内部尝试进行的。通常来说，这种模式的操作流程就是：首先由企业总部建设一级财务共享服务中心，其次将其中那些在本质上具有相似性的业务进行集中和共享，如费用报销等。在此之后，各个业务板块会将自己剩余的交易处理业务进行在此共享，这一阶段所形成的就是二级财务服务共享中心，像是应收账款等就是属于这一层级的，而二级共享服务中心是要向其上一级中心进行工作汇报的。我们需要注意的是，这两个层级的财务共享服务中心是需要同步建立的，不可分别独立进行，由此我们也可以认为这种模式是由两条并行路径所组成的，因此将其称之为"上下结合"。

第二节 企业司库转型

在现如今这个物欲横流的世界，市场环境波动剧烈，不论所要管理的是企业的资金交易、资产负债，还是财务风险，司库就是为保证企业得以在这个过程中流畅运转的"齿轮"，因而也被称作"企业的生命血液"。众所周知，企业管理层的核心之一就是司库，当管理人员确保司库的领导力达到一定水平后，就会及时搭建平台，为出色完成绩效提供空间，铺平道路。由此看来，要想完成企业财务转型，司库在其中所起到的作用是不可小觑的。

一、企业司库的概念

按照《现代汉语词典》（第7版）的解释，司库指的是在团体中管理财务的人。从郭道扬所著的《会计史研究》（第1卷）中我们可以发现，最早出现的"司库"已经可以追溯到了隋唐时期，当时朝堂中所存在的仓部、库部、司农寺等职位就是司库的雏形。目前学界中普遍认可的"司库"的英文是"Treasury"，按照《牛津高阶英汉双解词典》（第7版）中的说法，司库是指英、美和其他一些国家的财政部，或者城堡等中的金银财宝库。除此之外，还有一个与之十分相似的词为"Treasurer"，它指的是俱乐部或组织的司库。由此看来，司库就是与国家财务管理相关的岗位，或是储存了大量金银财宝的地方也可以称作司库。

最早将"司库"这一概念应用到企业中的人，可以追溯到20世纪70年代的欧美国家之中。起初司库就是在一些大型企业和跨国公司中被应用，是用来维护企业发展战略顺利实行的一个重要因素。最早的企业司库仅仅是停留在现金管理上，到了后来还扩展到了风险管理、信用管理和财务规划等层面上，甚至在金融机构的关系管理和融资等方面也有所涉猎。在这之后，随着企业规模的不断扩大和经营模式的不断发展成熟，这也让管理者们认识到财务管理在企业发展中的重要作用，更为关键的是现金管理在人们心中的地位提升了。基于此，企业司库也逐渐被管理者们所重视，被独立出了会计职能之中，自此之后成为与会计部门相平行的一个管制职能部门。

到了现如今,面向科学技术发展更为迅速、信息迭代速度更快的发展环境,企业也不得不将其中部分与司库管理相关的内容进行集中整合,同时这也在一定程度上降低了企业成本和资金管理风险,提高了资金管理效率。就在这一时期,商业银行也推出了现金管理服务,也成立了司库管理部门,期望从人员配置和产品创新等方面去加强司库管理职能,从而接触和争取到更高端的客户群体。

从目前的学界现状来看,关于"企业司库究竟是什么"这一问题的探讨并不常见,也很少有专家学者去定义企业司库。我国学界普遍认为,"司库"本身并不是一个舶来品,在我国隋唐时代的相关记载中,其中就能够发现当时财计组织中是有相关的掌管财务的职位的。到了近现代时期,一些西方国家为提升资金管理的安全性,进而设置了相关岗位,将其命名为"司库"。单单从"司库"这二字来看,"司"所指的就是"经营和主持"的意思,而"库"就是"库房",自然"司库"就成了看管库房的人。经过调查研究,从一些海外企业司库在运行过程中所发挥的作用来看,我们普遍认为企业司库就是一种职位,也就是企业资金管理部门的最高负责人,这一职位与主计长的高度是相同的。

二、企业司库在企业中的角色定位与职责范围

(一)企业司库在企业中的角色定位

众所周知,企业司库的角色定位问题是十分复杂的,它的存在是受到企业规模、所在国家、投资者性质、公司信用实力和企业历史文化等因素影响的。举例来说,从职能定位的方面来看,究竟司库在公司管理层面上处于什么位置,这与个体企业和组织类型是密切相关的。对于工程公司来说,它们在进行相关融资和处理债务问题时就需要有具有处理税务问题能力的司库;而对于制造公司来说,它们可能更加倾向聘请具有相关运营知识的人来担任司库;对于全球性企业来说,跨国的资金管理能力和良好的语言素质就成为司库的必备技能。除此之外,对于中小型企业来说,它们更加看重的是司库的管理和服务能力;到了大型企业就期望能在此基础上与企业发展战略相结合,能够为公司创造更多的价值。由此看来,司库的角色定位是随着外界环境的变化而变化的。

1. 企业首席财务官

对于企业首席财务官而言，他所负责的相关财务管理工作是更为全面的，其下设有司库部门和财务部门，它们的管理者就是企业司库和财务总监，而二者都要向首席财务官汇报工作。

2. 财务总监

对于财务总监而言，他的主要工作职责就是按照利益相关者、外部监管者和企业内部所提供的管理要求为其整理和提供信息，主要运用多样化的会计核算信息系统来完成相关工作，最后提交给企业首席财务官以进行最终决策。为更好地发挥财务管理信息系统的决策作用，增强其创造价值的能力，许多大型企业和跨国公司会将其中的核算职能外包给财务共享服务中心去完成。从某些方面来说，这一行为的目的也帮助了许多会计核算人员从僵硬的工作体系中解脱出来，不再花费时间去从事具有极强重复性和较低附加价值的工作，转而向更加创造价值和发展前景的工作岗位转移，以便依据各个层次管理者的需求为他们提供所需的信息。

3. 企业司库

从本质上来看，企业司库的工作其实就是一套完整的财务管理理财职能系统，其主要负责的工作就集中在企业财务风险管理、长短期投资的安排部署、管理企业与金融机构之间的关系等方面。当企业司库管理系统与财务总监的财务管理信息相结合，从基础流动性管理层面、操作层面和战略决策层面上来看已经形成了一套较为完备的组织架构体系。不仅如此，还有许多跨国和跨地域公司将其中的基础管理工作也外包给了财务共享服务中心，这时的财务共享服务中心俨然就扮演起了"支付工厂"的角色，将其中从事基础性工作的员工从烦琐的事务中解放出来了，现金的可见性提高了，企业司库创造价值的能力也提高了。

（二）企业司库在企业中的职责范围

虽然不同企业司库因为其所处的环境不同，扮演着不同的角色，导致他们在具体的职责范围上存在差异，但他们总体的职责范围是大致相同的。

对于具体的企业司库工作职责，世界上有两个十分著名的资金管理行业协会提出了不同的见解。首先是美国的 AFP 协会组织（The Association for Financial Professionals），它认为企业司库主要是面向企业和其他机构的一种综合性服务，或者说是金融服务，具体来说就是：①财务规划及财务分析；②企业投融资决策；③风险管理与养老金管理；④流动性管理；⑤制定和执行司库政策与程序；⑥内外部银行关系管理等职责。其次是英国的 ACT 协会组织（Association of Corporate Treasurers），它认为企业司库的主要职责由五个核心部分组成，分别为：①公司理财；②风险管理；③资本市场与融资；④司库运行与控制；⑤现金与流动性管理。

综上所述，我们可以知道，二者的职责选择差异主要就是集中在公司的理财方面。按照美国 AFP 协会组织的说法，公司理财是事关企业发展战略决策过程中十分关键的一环，是会对企业发展和价值创造产生积极影响的一类实践活动。在它看来，企业理财要完成的主要工作集中在以下几方面：确保公司价值被投资者正确评估降低公司的加权平均资本成本；确保投资者能够获得相应的回报。虽说在一部分企业中，公司理财工作确实是由企业司库所完成的，但这种情况的发生概率不大，主要还集中在一些较少收购与兼并的企业之中。而在其他部分企业中，因为理财工作本身所具有的极强的专业性，因而通常会选择将其交给专业的律师和金融专家来完成。

三、企业司库管理精要

（一）司库设计

司库设计是指将司库的功能、人员和流程组织起来，使其高效有序地运行。由于实现目标的路径和模式可能不止一个，所以在为组织机构设计有效的司库时要参考一些其他因素，包括成本、决策和决议所需的周转时间、广泛而严格的控制、资本的可用性和多样性、不同地域的法律环境、公司遵循的会计惯例和业务运营所在地的会计环境、税收、自动化程度、当前和未来的交易量、经营规模的增长、竞争对手和行业情况的动荡预期等。此外，司库的三大职能——交易管理、资产负债表和流动性管理、风险管理，也是司库设计要考虑的基础性要素。

在司库设计过程中，要重点关注以下八个关键要素：①系统设计。系统设计涉及各个方面和诸多因素，需要综合考虑。②人员和组织结构设计。人员和组织结构设计是指确定合适的人员，使他们掌握合适的技能，并将其放在合适的岗位上，且有合适的报告途径。它还与集中化程度和外包决策有关。③流程设计。创建在具备可控制、可衡量、可切换的完备流程的基础之上，流程设计为司库职能构筑堡垒。④控制设计。强大的控制要素是针对实施和执行过程中潜在危险和情况的保护措施。即使司库设计的其他要素都已具备，一个薄弱的控制设计将会削弱已实施的司库设计和流程的力量。⑤账户结构设计。设计合适的账户结构是一个经常被忽略的要素。临时账户开立不仅会提高成本、降低控制力度，还会导致降低透明度，达不到现金的最优配置。在有些国家，监管状况也会影响与账户结构相关的决策。⑥现金流设计。现金流可以在不同的时点以不同的形式或币种发生在不同的地域。集中管理这些现金流可以降低成本，增强控制和提高现金流的可见性，从而大大提高效率。⑦资本结构。司库在交付过程中需要考虑的一个重点是确保企业资金充足，且企业为资本所支付的价格在该情况下是最低的。此外，资本结构是影响企业的信用评级、财务认知和绩效的因素之一，也是潜在投资者和贷方评估的重要方面之一。⑧风险架构。风险架构包括风险管理和风险结构，是司库设计的最重要的要素。

（二）司库政策

1. 框架

通常，司库政策分为正文和附件。其中，正文包括司库管理的整个思维过程和方法，附件包括特定的执行方面。

原则上，董事会批准司库政策的正文和附件，并且给予司库管理团队在首席财务官的监督下定期实施司库政策的权力。

为了确保与市场和业务发展同步，企业可能需要在每个季度对附件进行审查，而对整个政策和政策本身的绩效只需每年进行一次审查即可。

司库政策的正文一般分为以下五个部分：①基础，包括基本原理、背景和理念、范围、运营和控制、目标、政策批准和审查、不合规和异常情况解决方案、会计政策的一致性、行为准则等；②角色和职责；③交易管理；④资产负债表和流动性管理；⑤风险管理。

附件，包括需要管理的风险、要旨、风险管理和投资的数额及时间范围、授权的产品和安排、授权的签署人和限制、风险管理工具（如预算价格）、情景等。

2. 政策实施中的注意点

（1）异常情况处理

司库的规模越大，异常情况就越容易发生。司库政策必须包含：处理异常情况的要素、解决方案和调整方法、解决程度和追踪等。企业要对每一个异常情况进行审查，并确认该类异常情况已包含在政策中。刚开始，司库政策可能不包括所有类型的政策。因此，除了从根本上纠正问题，司库还必须确保新的异常情况或者问题类型及其解决方案包含在司库政策中。

（2）贴近市场

通过定期市场监测来管理风险并不是一件轻松的工作，司库要贴近市场、理解市场动态，当市场出现有利变动时，抓住机会；当市场出现不利变动时，及时采取相应措施。为此，市场信息系统（如 Reuters Eikon）几乎是司库在风险管理中不可或缺的工具，能够为司库提供市场动态，并且通过各种媒体定期进行信息更新。

（3）竞争策略

司库部门的竞争策略是制定政策和方法的重要参数。如果该企业或者司库部门处于领导地位，司库可以选择反行业策略。许多司库，尤其是成长型企业的司库，在确定方法之前，一般会考察市场最佳实践和行业动态。

3. 审查

（1）限额及其使用情况的审查

限额和限额使用情况的审查对司库政策来说也很重要。限额一般是指市场因素的最大（或最小）风险程度。例如，企业在货币市场的投资不能超过1亿美元，持有的欧元余款不得低于总余款的10%，只能对冲最多70%的日元风险，第一年不对冲的西得克萨斯中质原油风险不能超过2500万美元。一旦超过限额，司库要立刻予以纠正。如果出现经常性的限额违反，司库需要分别从合理性、运营或者交易商纪律的角度来对限额进行审查。类似地，如果存在大量未使用的限额，司库也要审查该限额对特定市场因素来说是否设置得过高。此外，司库政策也包括对交易对手（投资或者存款）和授权人员的限制，同时要注意对这些限制的审查。

（2）政策的成功和失败

董事会和首席执行官通常会在实施后不久就能够生成利润的司库决策或者政策视为好的司库决策或者政策，而在短时间内，如果该政策使企业遭受损失，也会给该政策蒙上一层阴影。这个思维过程会不断强化。

（3）与企业商业计划的联系

司库政策中与增长、现金流、融资、投资和风险管理等有关的所有政策都必须与企业的商业计划紧密相连。那些管理出色的企业会更加注重商业计划和远景。它们在最开始就会将司库对计划的意见考虑在内，并会就商业决策和策略的实施中涉及的资产负债表、风险，或者其他实施要求做足准备。比如，如果某个美国大型工业企业打算进军南非市场，此时该企业的司库就要与业务经理保持密切合作，构建金融基础结构，妥善解决业务落地时的支付、托收、融资和货币等问题。

4. 实施

司库政策的实施在政策制定过程中通常会被忽略和低估，通常涉及以下几方面的问题。

（1）经销商相关限制

在和市场相关的交易中，制定和交易者相关的交易限制是一个探索的过程，企业可以通过时间积累找到平衡点。这些限制涉及经销商使用频率、在不耽误决策的前提下各种限制适用的情况、增加的授权、对交易商相关限制的经常性违反。

（2）寻找合适的价格到决策所花费的时间

有些时候，一些级别较高的交易需要得到高级管理层的批准，但是由于频繁出差和繁忙的会议日程，高级管理层可能无法立即作出批准。因此，当存在大量未决策交易时，企业可以进行目标级别交易预批准，或者确定每个交易的授权范围。毕竟，市场机会稍纵即逝，可能等不及首席财务官结束会议后再做决定。

（3）输入和核对

每一条信息输入都要有一个输入者和核对者，尤其是后台的信息输入。不管输入信息的规模如何，除非是手动，否则输入信息都必须经由单独的办公人员批准。工具、支付、账户转账等也必须由两个人操作，以确保某种级别的控制。在某些情况下，从重要性角度讲，也要设置无须批准的阈值。

（4）独立的后台部门

从控制的角度来说，后台部门的独立性很重要，尤其当司库是一个较为积极的领导者时。同样，中台部门报告也要独立于前台部门和后台部门。

（三）司库系统

1. 司库管理系统背景

（1）需要司库系统的原因

系统之所以重要在于其实施所带来的最终结果，即更好的财务状况。任何项目的成功，包括系统实施，都取决于是否能够使企业获得效率，进而获得财务效益。只有当系统实施（或者不实施）间接和直接地改善了企业的财务绩效时，我们才说该决策是成功的。

（2）司库系统的相关概念

在当今社会，司库越来越依赖技术、流程，以及基于技术的信息流。企业的系统体系，包括集中化司库、分散式中心及其拥有各自系统的各个子公司。这些组成部分可能存在于一个单独的司库管理系统（TMS）中，也可能根据各自的系统职能而分布。

司库管理系统（TMS）的一些功能能够为司库在处理和支持流程等方面提供帮助。这些功能包括银行、资产负债表和资金、市场和风险、现金流、交易输入、后台部门（运营）、中台部门（流程和控制）、现金流、预测及分析。司库管理系统（TMS）通常和企业的总账（GL）系统或企业资源计划（ERP）系统有联系，也和企业体系的其他系统有联系。

2.TMS 建立流程

（1）项目团队组建

TMS 项目团队应该由关键成员组成，团队关键成员应是系统直接或者间接受益人。TMS 项目团队由项目经理领导，要包括那些对司库运作有全面了解的不同职能部门的成员，并根据运营的复杂性选择其他职能部门的成员。有些司库坚持要将所有职能部门的成员包括在项目团队中，认为这样能够激发成员的热情和积极性。建议在选择队员时要审慎。

一旦 TMS 的选择过程结束，该团队的使命就正式结束，但是一般而言，实施团队会接受项目团队成员，并做轻微调整。当然，为了保持连续性，两组队员最好保持一致。

（2）需求分析

需求分析的目的是筛选出进入信息征询（RFI）阶段的关键需求。根据 TMS 的关键特性筛选得出的清单是参考要素之一。以下方面需要重点关注：第一，现有系统环境和自动化程度，包括 ERP/GL 系统和其他实体。第二，哪些程序需要自动化？是用新系统替代现有系统，还是进行一次彻底的新的自动化？哪些程序和行为需要被替代，或者需要进行改进以提高效率？

（3）公布系统 ID

在该阶段，企业除了要作出实施决策和预估实施可用系统的大概预算外，还要收集可用的系统，以便为该商业案例做好充足准备。此外，也要通过充分的信息收集，形成一份长的供应商列表。

（4）商业案例——里程碑 1

当开始为商业案例做准备并且项目获得管理层批准时，企业就迎来了第一个里程碑。如前所述，TMS 的建立，一方面会带来潜在的成本节省和效率的提高，另一方面也会降低运营损失和控制失误的可能性，本阶段将会量化以上两方面给企业带来的收益。企业需要量化 TMS 实施所带来的初始节省和年度节省。此外，成本的量化可以使人们对系统实施的最大成本或者盈亏平衡成本有一个大体的了解。

一般而言，商业案例应该经管理层团队批准，该管理层团队包括首席执行官、首席财务官，有时还可能包括业务主管。除了官方认可和预算外，管理层批准是对团队工作的全面性和理解性的一个良好测试。管理层的问询也会给团队提供角度和深度，帮助团队提高系统满足需求的能力和系统本身的稳健性。

（5）信息征询（RFI）——里程碑2

信息征询（RFI）是实施过程中第二个里程碑。其目的在于识别出各种供应商，并从供应商处获得信息，最终形成一个用于 RFI 的简短列表。此外，还要确保 TMS 的性能列表包括所有相关性能。

企业要和长列表中的供应商进行联系，并且从供应商处获得能够使他们进入简短列表的具体信息。在该过程中，需要注意以下两个方面。

第一，向供应商提供足够的信息，帮助他们理解解决方法，但是也不要给予太多的信息，以免影响供应商发挥其自身的才智和创造力。

第二，鼓励供应商表现其自身价值，并指出他们的所思所想可能会被采用。记住该实践会丰富企业自身的需求列表，并且有可能使企业注意到一些一开始就忽略的方面。

（6）建议征求（RFP）

一旦 RFI 阶段收集信息完毕，需求列表和最终 RFP 模板就会确定下来。简短列表中的供应商确定后，入选的供应商进入最后选择阶段。

简短列表中的供应商通常会在客户的办公室进行展示，以证明其系统和系统性能。如果可能的话，供应商可以在虚拟系统或者试验系统中给企业设置用户 ID，使团队成员能够在其方便时访问该系统，感受系统性能。此外，企业也应鼓励供应商尽可能地提供一些能够帮助企业决策的相关信息，当然，也不要提供太多信息，以防造成信息过量。

（7）选择——里程碑3

供应商的选择和决策是第三个里程碑，也是最重要的一个。企业可以按照一定的标准给每个供应商评分，然后去掉最高分和最低分，计算得出每个供应商的平均得分。

该得分只是一个数字，企业还必须考虑其他因素，包括整体方法、期限、企业根据自身经验给出的主观感受和供应商的关系等因素，尽可能地使该选择过程透明和可审计。

如果排名最高或者接近最高分的供应商不止一个，企业要进一步考察所有接近最高得分的供应商。在供应商选择过程中，成本因素是应该考虑的重要因素，但并不是唯一因素，企业应该综合考虑各种因素。

（8）实施和集成

一旦供应商选定，接下来就是实施TMS。由于在实施过程中，需要将TMS融合进企业的程序、现有系统和环境中，所以我们在研究实施时一并研究集成。

在实施和集成时，必须建立团队，该团队可能是选择团队的衍生团队，不过需添加来自供应商一方的成员，这样有助于转变过程顺利实现。

在测试阶段，团队需要包括来自各个职能部门的代表企业可使用项目管理工具和追踪方法来管理实施和集成过程。

（9）审查和评估——KPI/里程碑4

审查和评估是最后一个项目里程碑，评估和度量系统实施的成功很重要。在该阶段，要提前制定用于测试系统有效性和适用性的关键绩效指标（KPI），这些指标要可测量且可量化。

（10）维护

系统的持续管理、定期审查和供应商管理是一个持续的过程。司库职能部门要在IT职能部门的支持帮助下给予系统足够的管理。

在实践中，好的系统选择、实施和维护远比纯粹的概念要复杂得多，在每一个过程中都会出现障碍，但是如果巧妙地将想法和实施相结合，付出足够的精力和脑力，司库系统会成为企业增强其盈利能力的利器。

四、司库的运营和控制

（一）工具

在司库的运行过程中会用到许多工具。从运营和控制的角度看，下列工具尤为重要。

1. 政策

司库政策是司库运营和控制的起点。司库政策要能够识别关键要素、活动、风险，分派任务和职责，定义限制参数和功能参数等。流程和程序必须遵循政策。

2. 流程图

流程图为严密的流程说明奠定了坚实的基础。流程图有不同的种类和标准。笔者比较喜欢按任务画流程图，这样各个任务之间的切换点界限清晰。"传递"是流程图所体现的显著优势之一，因为在传递的过程中潜藏着发生错误的危险。所以，以文件的形式恰当地反映传递过程并尽量减少传递发生的频率和次数，就显得十分重要。

3. 流程说明

流程说明，又称标准操作规程，是司库流程中对活动和任务的详细说明文件。使用统一格式的标准化流程说明有以下几个优点：①提高运营的效率和效果；②为新员工提供现成的参考工具，便于他们迅速开展工作，同时为现有员工提供专业性的辅助资料，以便他们在模棱两可的情况下，对流程相关方面的问题进行查明和确认；③便于审计师、审查人员和监察机构连贯地了解流程，减少误解；④提高工作的透明性，将错误揭露在明处，加强对于工作的控制，提升整体流程的严密性；⑤提高员工的积极性、认知度和士气；⑥降低成本；⑦为先进的司库设计提供一个全公司视角的、交叉定位的标准。

4. 系统和技术

系统和技术的出现极大地提高了司库流程的效率。无论商业活动的实质是什么，其成熟程度、规模和所处的发展阶段如何，司库都毫无疑问受益于自动化和系统的建设。而银行系统、支付网关和供应链自动化为强大的司库流程增加了一道壁垒。以下就系统和技术方面的两个关键问题进行探讨。

（1）为良好的系统匹配流程好，还是为现有的高效的流程配置系统好？获取新系统的原因之一是为了改善流程。假设已存在一个经过检验和测试的强健的系统，它能提高整个流程的效率，那么把这个系统作为推动者，借此机会加强现有流程是更实用的做法，此时我们无须为了保留现有流程而改变系统。

（2）使用卓越的技术重要，还是对技术的充分利用重要？答案是，一个系统的好坏取决于它的用法。很好地使用系统，充分发掘其潜能，比投资一个顶尖的系统但只是部分利用其能力要好。当然，任何系统都必须满足现有标准并拥有所需要的功能。

5. 一体化

对系统、流程、会计和整个公司架构内的控制的一体化会增加流程的协调性，并且有效地减少重复和返工。

6. 报告

好的报告机制只花费较少的时间和人力，且具有及时性和恰当性，可以为每个管理级别进行优化。过度报告会浪费时间并减少对信息重要性水平的感知度，而且从庞大的数据中识别出哪些是有意义和必要的信息需要做大量工作。而不充分报告也会有显著效果。

7. 控制

定期审查和控制流程可以减少意外的发生，以及减少因后续程序的不足而导致的损失。

（二）不同的部门

1. 前台部门

前台部门聚焦于规划、交易或者买卖、融资、投资、风险管理，与银行建立关系，并开发账户。前台部门的关键是最终的交易决策，其直接对司库进行报告。

2. 中台部门

中台部门聚焦于控制、估值、协调前期和后台部门、绩效评估、模型验证、风险报告并进行监管限制。中台部门主要是对前台和后台部门进行监督，并对这些部门的控制和报告负有责任。中台部门的报告要始终独立于前台部门、后台部门、控制部门（如果司库不具有交易性角色）、首席财务官（CFO）等。

3. 后台部门

后台部门聚焦于确认交易、结算、处理事务等，并将交易数据输入企业资源规划（ERP）或总账（GL）的会计系统。如果司库也是一个进行交易的交易者或经销商，那么后台部门的报告应该是独立的，并对企业控制负有首要责任。

（三）运营和控制清单

1. 流程图

每个企业的流程列表可能各不相同，各个流程之间互相联系，既受其他流程的影响,又影响另外一些流程。最好为每一个流程绘制流程图,以便于恰当地控制流程衔接。

2. 恰当控制

控制的目标是确保那些设计和实施的流程、程序、系统和政策无论是在表面上还是在实质上都得到遵循,确定司库是否存在一些会对企业造成潜在损害的财务,或者其他问题的漏洞。

不要希望通过控制流程了解何时发生何种情况,如违背流程、超过风险限额、流动性短缺等,也不要试图通过控制审查来考察这些情况下的纠正性措施。实际上,这些内容都在管理层批准过的司库政策和各种流程注意事项中作出规定。控制流程的目的应该是寻找出尚未被识别出来的问题,并且确定企业是否在正常情况下或例外情况下遵循了恰当的程序。

控制决定了流程的稳健性,后者反过来决定错误发生率的下降程度。从某种程度上来说,控制流程是一种风险审查,审查整个组织对司库流程的依赖性。

司库控制包括四大主题:基础设施主题、运营主题、政策和组织主题、风险主题。基础设施主题关注司库职能的支柱,包括技术、中台和信息安全。运营主题考虑的是各种非风险流程,包括现金和账户、投资、借入和借出、报告、对账和后台活动。政策和组织合规性包括前台活动、角色、职责和监管机构等方面。由于风险涉及许多复杂的方面,风险审计和审查是一个专业性活动,所以这里将风险控制视为司库控制的一个单独的主题。

3. 控制确认和审查

确认和审查的目的是减少意外或者非意外情况下的流程中断或者资金流出。有时,这些确认是一种事后行为,如果任何失误在发生后被识别出来,管理层要意识到这些疏忽可能会导致的潜在问题。

(1)周期性

控制和确定活动的周期性和频率必须由高级管理层指定,而且需要在司库政策中作出规定。

(2)自查和主要审查的独立性

每一个单位都要各自进行季度审查。如果是审查某个人的活动,必须指定一个独立于该活动的另一个人来审查。每个人或者流程都有其控制列表。年度流程和控制审查必须由独立于这些流程和控制活动的人进行。在理想的情况下,应由审计部门或者一个独立的控制单位负责流程和控制审查。

(3)数据来源的独立性

要尽可能地保证用于审查的数据来源的独立性。除了评估物理记录外,审查者还要对数据进行抽样检查,以确保其数据来源的独立性。

(4)抽样

当对那些无法使用系统数据的资料(如人工交易票据、发票等)进行物理验证时,审查者必须选择抽样样本,采取统计核查措施。此外,数据样本的日期不要太接近。

(5)报告

审查结果应直接报告给司库和首席财务官(CFO)。必须给予司库在结果被传递给董事会之前对提出的问题作出回应的机会。在审查结果最终定稿和传递给审计委员会及其他高级管理层之前,这些回应也必须得到恰当评估。此外,还需要按照关键程度对每个流程进行评级。

(6)纠正性措施

审查者必须和司库就纠正性措施的实施步骤和每个步骤的实施时间达成一致,并且对这些步骤进行追踪,对已纠正的每个要素进行纠正后验证。

4. 错误和控制失误的原因

导致控制失误和可能错误的常见原因包括:①在流程中没有制定者和确认者,或者没有遵循流程;②密码共享;③处理和交易或者审查缺乏独立性;④数据来源不充分,或者没有独立性;⑤流程衔接薄弱,尤其是人工流程衔接者通过电子邮件衔接;⑥同一个员工对中台和后台部门都有系统权限;⑦审查过程不严格;⑧异常项目的时效不充分;⑨使用无效和不安全的工作表进行报告和追踪;⑩不了解其他职能部门的职责和角色。

对运营和控制进行投资并确保有充分的基础设施来运营和控制一直是首席财务官和司库们需要考虑的头等大事之一。有些职能部门可能不需要直接向司库汇报,但是司库依旧需要对这些职能部门负主要责任。除了确保绩效不下降外,也要确保司库部门和组织内相关现金流的持续性和顺畅运营,有助于企业以一种稳定、高效的方式运行。

五、财务人员向司库管理转变

(一)财务人员应该更多地补充金融方面的基础知识与应用知识

从企业司库的职责范围来看,其涉及的内容横跨管理、会计和经济学等多个领域,显然一个只有简单财务背景的人是无法坐到这样的岗位上的。随着企业司库职责范围的变化和外界环境的改变,对于在这个岗位上从事工作的人的工作能力要求自然也是不同的,如从工作流程和职责方面看,会涉及大量与分析和判断有关的工作,这就需要不断提升财务人员的综合素质。除此之外,对于财务人员来说,最基本的就是掌握金融领域知识和具备应用实践能力。众所周知,金融学本身就是一门综合性的学科,其所研究的核心就是货币资金的相关经济活动,具体的学科知识从中央银行、国际银行、国际金融,到证券投资、项目评估等应有尽有。对于从事专业岗位的人才来说,不能仍然停留在学校课本上的学科知识,而是要将其转化为专业背景知识,如果自己止步不前,不进行自我提升,那么可能也只能从事会计核算与审计相关工作,是很难在职业方面有更大的发展的,自然也是不具备胜任企业司库这个职位的能力的。从实际情况来看,大部分财务工作人员因为专业知识掌握程度不高,导致他们难以从事更加复杂和更具现代化特征的财务工作,只能停留在简单的账户管理和现金预算上。

(二)财务人员应该更多地关注金融监管的法律法规变化

从国家政策和法律法规的层面来看,财务人员的关注点大都放在财务通则、税务政策和会计准则等方面。当一名财务工作人员走上企业司库岗位后,就会发现,他同样需要将眼光放得长远,将重点放到金融市场上,像是资本市场、货币市场的有关政策变化等都是企业司库人员需要关注的。资本市场的法律法规主要包括期货市场、股票市场和债券市场等相关法律法规,而货币市场的法律法规主要包含的就是外汇、人民币和银行卡等管理方面的法规和政策。例如,《期货交易管理条例》《证券公司及基金管理公司子公司资产证券化业务管理规定》《证券公司及基金管理公司子公司资产证券化业务信息披露指引》《证券公司及基金管理公司子公司资产证券化业务尽职调查工作指引》等等。这些都是要进行充分关注和透彻分析理解的，以免公司财务发生重大法律问题，触犯国家法律底线。除此之外，还有支付结算系统的法律法规，主要包括银行卡业务管理、银行账户管理和非现金支付工具监管等方面。例如《商业银行法》《票据法》《境外机构人民币银行结算账户管理办法》《大额支付系统业务处理办法》《小额支付系统业务处理办法》《非金融机构支付服务管理办法》《金融违法行为处罚办法》等等。

（三）财务人员应该通晓风险管理的内容及操作流程

众所周知，风险管理工作本身存在的目的就是清楚识别企业在运营过程中所存在的不确定性因素，分析这些因素为企业可能带来的或好或坏的影响，并制定合理的应对风险的措施。自企业司库这一岗位被确定下来后，公司的相关管理工作得到了集中，而他们的绝大部分工作并不是处理公司内部的问题，而是与外部金融系统进行对接，因为本身外界环境所具有的不确定性较强，这就在一定程度上要求企业司库必须具备足够应对风险的能力，可以把控住整体大局，尤其应加强对于操作风险、保险风险、汇率风险、信用风险和流动性风险等方面的管控工作。具体而言，针对上述风险，我们可以采取以下措施以应对：首先，针对具体工作流程，要明确不同环节中的岗位设置和人员调配情况，将信息化技术充分融入日常工作之中，对于其完整工作流程的"事前、事中、事后"三大阶段进行全方位监控，降低出现问题的概率，管控操作风险；其次，要严格执行制定的资金收支计划，时刻关注公司的资金流转情况，保障有足够的流动资金以供日常运营，与此同时，更为关键的是制定紧急风险预案，以备不时之需，将支付系统风险降到最低；最后，对于各个债务项下的货币利率走势要给予充分的关注，可采用再融资、提前还款等方式最大限度减少利率风险的发生。诸如此类的操作还有许多，这就需要财务工作人员在实际工作中积累经验，总结出适合公司实际情况的规避和降低风险的有效方式方法。

第三节　财会人员转型

一、财务人员面临的问题

（一）财务基础岗位急剧减少，高级岗位人才短缺

第一，随着科学技术的不断发展与成熟，大量从事基础性财务工作的人员面临被取代的风险。人工智能技术已经开始在众多领域中发光发热，正快速地向财务领域渗透，这对于财务工作人员来说是不小的冲击。人工智能技术随着时代的发展不断成熟，体现在财务领域中就是企业内部基础的财务工作，如账簿装订、报表处理和纳税申报等工作流程就可以完全交付给机器人去完成，这就在一定程度上降低了会计专业学生的从业率。对于已经进入该行业中的人，如果长期从事基础性工作，对于他们本身专业素质和能力的提升都是没有帮助的，职业发展前景不容乐观，自然财务工作人员在资金收入和社会地位等方面也会多少受到一些影响。

第二，随着企业财务管理体系的不断完善，其内设的会计岗位和会计机构会逐渐被合并或取代。不仅如此，在人工智能化的大背景下，因为机器人在财务工作领域的普及，自然就会精简会计岗位和一部分会计工作，一些在本质上看来具有相似性的工作内容可能会进行合并，对于那些工作量大幅减少的岗位而言，就不得不面临与其他岗位合并的情况。对于总分公司而言，分公司内部就不会再出现单独的财务部门，或者会计岗位的数量会大幅减少，像是资金会计、成本会计、费用会计和收入会计等相关财务工作人员也都会进行裁减，对于其中的部分基础性工作岗位和管理岗位还是会予以保留。对于母子公司而言，虽然基本上都会保留原有的财务部门，但是其内部所设置的岗位数量会大幅降低，对于其中一些岗位工作难以合并的会选择采用人工与智能技术相结合的方式来完成。总的来说，由于人工智能技术的影响，不论是从市场的总体情况还是公司内部情况来说，对于财务会计岗位的人员需求数量都大幅降低，据推测，基础性会计岗位数量的减少主要会表现在近2~10年间。到了未来，可能一些连锁化的商业机构的账户收

入情况和相关会计部门等都会整合到总公司的智能化系统下,最终人工终将被智能化机械设备所取代。

第三,从目前财务工作人员的实际情况来看,他们普遍专业素质不高,市场上还是十分缺乏高素质和高水平财务管理人才的。因为智能化机器人在财务领域的不断普及,大量的基础性财务工作不再需要人工去完成,这不仅使财务工作流程更加系统化和标准化,完成的工作数量也与以往相比有显著提升,而这对于财务工作人员来说,其实也未尝不是一件好事,他们原本繁重的工作任务有了机器人分担,自然就有更多空余时间去提升自我,去适应相关财务管理和战略管理方面的工作,为企业的发展贡献自己的一份力量。由此看来,要想保证企业的稳步发展,高素质和高水平的财务会计工作人员是必需的,需要他们在高级财务管理岗位上发光发热。

第四,具有国际视野的财务工作人员数量明显不足,难以适应国际化财务管理的具体工作。随着我国国际地位的提升,国际上也为我国众多企业的发展提供了更多的发展机会和空间,一些中小型科技或文化创新企业也可以走出国门,与世界上其他发达国家进行业务往来。由此,这就需要企业外派的财务工作人员和财务总监或是顾问等人具有广阔的国际视野,可以清楚知道和掌握海外分公司当地的相关法律法规、税务政策、政治文化等,能够对其利润分配等进行合理统筹和规划,避免因为自己的"无知"而受到本不应该蒙受的损失,使得企业发展错过良机。

(二)企业对财会人员工作胜任能力的要求越来越高

第一,从当前企业财会人员的工作情况来看,他们在人际沟通能力方面还存在一些缺陷,显然是无法适应现代化和智能化的财务管理需求的。财会人员给大多数人留下的印象是这样的,他们工作较为死板,不灵活,大部分时间就坐在办公桌前处理简单的账务问题,很少与外界交流。现实情况是,确实有相当一部分财会人员过分关注眼前的财务数据问题,因而忽略了与其他人的交流,很难了解到别人的意见和看法,自然就无法充分发挥自己的主观能动性。而在现如今的智能化时代背景下,大部分基础性财务工作已经被安排由机器人来完成,而人工处理的那些财务工作都是较为综合性的,往往需要工作人员具备一定的人际交往能力和沟通实践能力,如设置参数、风险点等,这是无法依靠自己来完成的,需要与其他部门的人合作完成,但是对于大多数中小型的财会人员来说,他们显然是缺乏这种能力的,因而也使得他们的职业发展受到了很大的限制和约束。

第二,从专业技能的角度来说,现在的大部分财会人员显然也是无法适应新时代的财务管理工作要求的。从每年的毕业生群体调查中我们可以明显地看到,学习专业会计或财务专业的学生数量是十分庞大的,但是专业和文化水平却参差不齐,每个人掌握知识的能力是具有差异性的,如有的人考取了注册会计师或国际公认的注册会计师资格证,有的人有中高级职称,而有的却只有最基本的从业资格证,甚至有一些从事了许多年专业工作的财会人员连从业资格证都没有考取。从文化水平上看,一些企业招收的是具有大学本科、硕士甚至是博士文凭的财务人员,而有的从事财务工作的人只具备大专或成人本科学历,虽然他们大多参加了不少相关知识学习和专业技能培训,也能够很好地完成自己的本职工作,但差异是客观存在的。到了人工智能时代,基础性的工作已经不再需要人工去完成了,他们需要从事的是更具综合性的财务工作,需要财会人员具备系统的理论知识体系,可以处理财务状况,清楚了解报表、账簿和凭证等之间的关系,以及能够及时识别出财务风险状况并且作出相应的紧急处理预案。但是这对于大多数在中小型企业中工作的财会人员来说,还是有一定困难的,他们对于财务管理岗位并没有十分清晰的认识,尤其是对于一些在小微企业中工作的员工来说更是如此,他们要想完全胜任在人工智能时代下的财务管理工作,还是需要一定的锻炼和自主学习的。

第三,从当前财会人员独立分析和处理问题以及进行风险管控的能力来说,他们是很难很好地适应人工智能时代下的财务管理工作的。众所周知,对于财会人员来说,简单的基础性财务工作已经不能满足企业的发展需求和岗位职责范围需求了,他们需要具备独立分析和处理问题的能力,这是十分关键的。随着人工智能机器人参与到企业的财务工作中,一些以往需要多个人来完成的工作,现在只要交给机器人就行了,如填写财务报表、调整会计利润等工作它们也是能够很好地完成的。而需要人工完成的,就是那些公司财务问题的处理工作,财务人员需要做的就是找出问题产生的原因，透彻分析问题，找出解决的办法并制订方案，同时优化工作流程，对比财务数据的变化情况等，以此为企业的发展战略规划制订出谋划策，以谋求更加优异的发展业绩。显然，要想完成好这些工作，独立处理问题和识别和规避风险的能力是必不可少的，而有些财会人员往往就是缺乏这些方面的能力，只会对基础数据进行简单的统计，没有意识和水平去分析这些数据背后所蕴含的问题和信息，也很难为企业发展贡献力量。同时，在当今的人工智能化时代，人们开始认识到信息安全的重要性，而有些财会人员显然在审计方面的能力有所缺乏，因而无法透视到企业运营和发展风险，归根结底就是风险管控意识淡薄，这些因素都在约束财会人员的未来职业发展，影响的是财会人员未来的职业生涯。

（三）企业对财会人员需求类型发生变化

第一，需要财会人员具备投融资相关经验。企业在发展过程中是一定会遇到相关的投资和融资问题，而财务工作人员就需要具备处理相关问题的能力，有相关的知识储备，这样才能更好地帮助企业做好未来的发展规划，进行投融资管理，最终达到企业资产保值和升值的目的。因为大部分财会工作人员的专业视野受到限制，很难关注到内部控制、经济热点和证券等相关内容的方面，在投融资方面也缺乏管理经验，因此这部分知识是现如今从事相关财务管理工作的人急需补充的。

第二，需要财会人员具备创业思维。其实从某些方面来看，财会和管理工作二者是具有一定相似性的，因而在一些工作环节和流程上是可以互通的。对于财会人员来说，他们仅仅具备相关专业知识是不够的，同时也需要具备一定的管理能力，这是企业对财会人员的基本要求。甚至很多企业家都会专门学习相关财会知识，注重相关方面的积累，但专门从事财会工作的人员往往因为过于关注眼前的数据，专业视野较为狭窄，处理问题的思维模式也相对来说比较固化，是缺乏创新能力和创业思维的。

第三，需要财会人员具备企业运营管理经验。在企业运营发展的过程中，财会人员可以充分利用自身的专业知识和素养参与到公司的规划建设中，及时关注市场的动态变化情况，以为企业管理者定位未来企业的发展方向等出谋划策，促进企业成长。

第四，需要财会人员熟悉人工智能技术。因为人工智能技术融入企业的财务管理工作中，原先较为固定和死板的财会人员工作方式和内容发生了变化，所面临着来自多方面的挑战。因为某些财会工作人员在计算机和人工智能等方面知识积累不足，他们在后续的工作中就会遇到前所未有的困难，如无法将人工智能技术与自己以往所积累的工作经验和专业知识很好地融合在一起，这对于后续财务相关人工智能系统的开发和完成也是不利的。

第五，需要财会人员具有跨领域工作经验。因为财会人员本身会受到来自公司内部和外界环境的影响非常多，如自身性格和思维模式等。除此之外，再加上部分财会人员对于企业经济发展状况和外界市场关注度不够，在专业视野方面受到一定局限，无法使得自身的专业和综合能力获得提升，工作时将绝大部分的精力都放在了眼前的数据上，而忽略了金融学、市场营销学、管理学等方面知识的积累，缺少跨领域的相关工作经验，这对于这部分财会人员的未来职业发展和生涯规划也同样会造成一定阻碍。

总体来说，在现在的人工智能化的大环境下，财会人员所面临的挑战难度是前所未有的，再加之虽然市场所提供的岗位数量大体上没有发生变化，但是因为智能机器人的加入使得人工胜任的相关财务岗位迅速减少，同时对于他们综合工作能力和素质的要求也就提升了。与此同时，还因为企业管理层大部分并没有意识到财会人员的职业生涯规划问题，没有合理安排好人员流动情况，或者部分企业虽然意识到了这一问题，但因为绝大部分工作只是停留在表面，流于形式，最终所呈现出来的效果仍是不容乐观的。

二、财务人员转型的方向

（一）财务人员应向"成本控制与内部控制人员"转型

随着大数据时代的到来，我们每天都要接收到海量的信息，对于企业的财务管理来说更是如此，由此就显现出企业管理会计存在的必要性和重要性。由此看来,为了应对新时代的挑战,财务人员不能故步自封,应当跟随时代变化及时调整工作思路,逐渐向管理会计方向进行转变。一般来说,市场环境变化本身具有动态性和不可控性。随着市场经济的飞速发展和不断完善,当下经济进入微利时代,要想保证企业能够稳步向前发展,能够不断有资金积累,就需要做好企业成本控制工作。而对于专业从事成本分析和控制的人员来说,就要求他们不仅有扎实的专业知识,同时能够做到熟悉企业运营生产的各个环节,关注正常的生产工艺流程和具体环节等,在企业成本控制系统的帮助下充分挖掘和分析成本数据,并对其进行合理的分配和利用,从而保证企业资金的合理运用和流转。

(二)财务人员应向"全面预算人员"转型

众所周知,现在现代企业基本上所施行的管理都是"事后管理",但是它们会采用ERP系统首先对企业数据进行整合汇总,然后充分结合预测目标,就会逐渐由"事后管理"转变为"事前控制",而对于事前控制而言,信息化手段的应用是其中十分重要的一环。大数据时代下,财务管理的核心就是预算环节,而企业对于参与预算工作的财务人员要求是,要站在企业管理的高度上去看待自己将要完成的工作,同时有能力和水平去分析和分解企业战略目标规划,可以用战略的眼光去预算制定目标对于企业未来发展规划的影响,这才是真正将预算的作用发挥到了极致。由此可知,我们要求财务人员必须向全面预算人员方向进行转型。

(三)财务人员应向"专业财务分析人员"转型

对于企业财务人员来说,他们必须具备专业分析能力,可以从海量数据中挖掘出对企业发展和未来规划有帮助的内容,同时在进行数据分析的过程中,能够从多个层面和角度认识到企业目前发展存在的问题,分阶段对企业的财务状况进行总结、分析以及评价,以期在日后为提升企业的经营管理效率建言献策。由此,我们认为大数据时代下的企业财务人员是应当注重向"专业财务分析人员"转型的。

(四)财务人员应向"风险管理人员"转型

所谓的风险管理,主要指的是从最初的目标制定,到后来目标的具体实施过程中对待风险的一种态度，而进行企业风险管理的目的就是提前预见和明确企业运营过程中可能会出现的问题，及时制定出相关规避或降低风险的战略安排，以保证企业能够顺利完成最初所制定的目标和计划。事实证明，风险管理对于企业进行内部控制工作也是十分有利的，将企业管理风险控制在可接受的范围内，这就是战略型财务人员所需要完成的工作，以此来确保企业的可持续发展。由此，大数据时代下的企业财务人员应当向"风险管理人员"转型。

三、财务人员基础能力框架

所有期望成为 CFO 的财务人都很关心一个问题：应当积累哪些知识才能更加高效地实现成为 CFO 这个目标呢？实际上，很多人在年轻的时候是没想过或没想明白这个问题的。这样，在未来出现机遇的时候，往往会与心仪职位失之交臂，或者勉强上任但无法达到预期的绩效目标。

笔者将通过搭建一个智能时代 CFO 的基础能力框架来尝试回答这个问题。对自己未来充满希望的财务朋友们，可以看看自己在哪些方面还有提升的空间。这个框架考虑到了智能时代财务管理职能的需求，故称之为智能时代 CFO 的基础能力框架。

（一）战略财务基础能力框架

1. 战略与业务

作为 CFO，需要有非常宽阔的知识面，但最重要并不是专业知识，而是对公司战略和业务的理解及把控。该能力决定了 CFO 是否能够真正成为一个经营团队的合格管理者，而不仅仅是一个财务工作者。

核心技能：战略解读；财务与战略配合；公司资源及计划的管理参与；财务资源配置管理；与业务单元的沟通。

2. 财会控制机制

作为 CFO，需要在企业内部建立完善的财务、内部控制和内部审计体系，以确保会计风险的可控性。也有一些公司是由首席风险官负责这部分职能的。

核心技能：财务及会计制度管理；内部控制；内部审计与稽核。

3. 价值管理

价值管理是 CFO 的高阶技能，需要从多方面主动管理以提升公司的价值，并最终在股价上有所体现，满足公司股东的投资回报诉求。

核心技能：产权管理；营运资本管理；现金流量管理；经济附加值管理；新业务价值管理；并购价值管理。

4. 经营分析与绩效管理

经营分析与绩效管理是 CFO 在公司经营管理方面体现自身核心价值的重要内容，好的 CFO 是公司持续前进的一个重要推动器。通过 KPI 指标的设定，以及实行持续跟踪考核、深度经营与数字探究，能够给企业的发展注入强大的活力。

核心技能：KPI 体系搭建；经营分析报告；绩效考核制度搭建及奖惩执行；投入产出管理；市场对标管理；重大关键项目管理。

5. 全面预算管理

全面预算管理是 CFO 在资源配置方面配合企业战略落地的重要工作。"凡事预则立，不预则废"，CFO 正是承担起这项职能的重要角色。当然，全面预算管理并不仅仅是财务的事情，但是作为 CFO 去承担牵头职能还是必需的。

核心技能：经营计划管理；预算编制管理；预算执行与控制管理；预算分析；预算组织管理；预算流程管理；预算系统管理。

（二）专业财务基础能力框架

1. 会计与报告管理

作为 CFO，会计与报告是不可缺失的基本技能。当然，CFO 可以请会计专业人士和会计师事务所代劳，但无论如何是绕不开这项技能的，必须懂会计。

核心技能：会计交易处理及相关流程；往来管理、关联交易管理等会计管理；会计报告及合并；会计信息系统，如核算系统、合并系统等；信息披露；审计流程及管理。

2. 税务管理

税务管理是 CFO 的传统工作领域，无论在世界上的哪个国家，CFO 都是绕不开税务工作的。而在中国，税务又有着自己的特点，CFO 需要将税务管理当成一项既严肃又充满艺术性的工作来对待。

核心技能：税务政策研究；税务关系管理；税务检查配合与风险防范；税务数据管理；税务系统管理；营改增及电子发票/特定时期的特殊事项。

3. 资金管理

除此之外，对于一个称职的 CFO 而言，资金管理能力也是他能力架构中的重要一环。从分类的角度来说，资金管理本身是属于专业财务领域的，自然也是具有一定的技术性特征的，如果在资金管理方面没有任何工作经验的话，可能在职业道路上会遇到很多困难，要想做到覆盖这部分专业知识需要付出相当多的时间和精力。

核心技能：资金收付管理；资金计划管理；债券融资管理；混合融资管理；股权融资管理；司库管理；外汇管理；银行关系管理；资金系统管理；流动性管理；投资管理。

4. 合规管理

合规管理对于很多监管行业非常重要，监管机构有金融行业的银保监会、人民银行等，上市公司的证监会等。作为 CFO，需要很好地把握监管政策，主动、积极应对，以避免因合规问题给公司带来损失。

核心技能：监管政策研究；监管沟通及检查应对；监管信息报送；违规风险管理及违规后危机管理。

5. 管理会计

管理会计是当下各大 CFO 面对的既久远又新鲜的课题。国内正在振起一波管理会计体系建设的热潮，CFO 不可免俗，必须懂管理会计。

核心技能：维度体系搭建；收入分成管理；成本分摊；多维度盈利分析；作业成本管理；资金转移定价（FTP）管理；风险成本和资本成本管理；管会数据应用（定价、精准营销等）；管理会计系统。

6. 成本管理

成本管理单独拿出来说，是因为它对于每个企业来说都是十分重要的一项内容。对于 CFO 来说，要开源节流，其中的节流就要靠成本管控。甚至对于一些企业来说，成本管理是其生存的核心战略和命脉。

核心技能：成本战略体系设计；基于价值链的全成本管理；费用的前置管控；成本文化建设；最佳成本实践的形成和推广。

7. 财务风险管理

虽说从广义的角度来说，风险管理是属于首席风险官的职责范畴的，但具体到了财务领域，这就是CFO应该具备的基本能力。虽然CFO的主要工作目标就是创造企业价值，但必须牢记，风险是底线，控制好财务风险是一个好CFO的必修课。

核心技能：财务操作风险管理；财务风险意识及管理文化建设；RCSA风险控制与自我评价工具的财务应用；KRI关键风险指标体系的财务领域搭建；重大风险事件监控。

（三）业务财务基础能力框架

1. 产品财务管理

产品财务是业务财务中向产品事业部提供财务专业服务的队伍，CFO需要基于产品财务队伍，加强对以产品规划、产品研发为核心的产品全生命周期的财务管理。

核心技能：产品规划及投资财务管理；产品研发财务管理；产品周转资金管理；产品质量成本管理；产品最佳财务实践管理。

2. 营销财务管理

营销财务是财务队伍中服务于营销或销售事业部的业务财务队伍。CFO需要通过营销财务开展对营销、销售过程的财务管理，如合同商务管理、客户相关财务管理、销售费用管理等工作。

核心技能：商务合同财务管理；营销及销售费用管理；客户信用及风险管理；竞争对手财务及经营信息管理。

3. 供应链财务管理

供应链财务主要为企业经营中供应链相关环节提供业务财务支持。CFO需要借助供应链财务实现对采购、生产、配送等相关业务环节的财务管理。

核心技能：采购财务管理；生产财务管理；库存控制管理；配送物流财务管理；分销财务管理。

4. 项目财务管理

除了以价值链划分的业务财务之外，CFO 还需要关注另一个业务财务维度，即项目维度。项目财务是从另一个视角与产品、销售、供应链财务进行矩阵式协同的业务财务职能。

核心技能：研发项目财务管理；市场推动项目财务管理；售前／销售项目财务管理；工程项目财务管理；实施交付项目财务管理；管理支持项目财务管理。

5. 海外财务管理

对于开拓海外市场的企业来说，CFO 还需要高度关注海外财务管理工作，特别是在新进入一个国家时，海外财务的支持能力显得尤为重要。

核心技能：国家财税政策管理；海外机构综合财务管理。

6. 业财一体化管理

CFO 需要始终保持对业务财务一体化的关注度和警惕性，通过完善业务财务一体化管理体系，最终保证财务核对和业务管理的真实性和有效性，以此来提升业务和财务二者的一致性。

核心技能：业财一致的制度及流程管理；业财对账管理；业财一致性系统管理。

（四）财务共享服务基础能力框架

1. 财务共享服务中心设立管理

财务共享服务中心在中国已经发展了近 20 年，如今大中型企业已普遍将财务共享服务中心作为标配。因此，作为 CFO，需要对财务共享服务的模式有所了解，从而有效地开展建设。

核心技能：财务共享服务中心立项；财务共享服务中心建设方案设计；财务共享服务中心实施；财务共享服务中心业务移管；财务共享服务中心战略规划。

2. 财务共享服务中心组织与人员管理

财务共享服务中心是一种基于大规模生产的运营管理模式，这种模式对组织和人员管理都有较高的要求，CFO 应当关注财务共享服务中心的组织效率和人员的稳定性、成长性。

核心技能：财务共享服务中心组织职责管理；财务共享服务中心人员培训及发展；财务共享服务中心人员考核；财务共享服务中心人员保留；财务共享服务中心岗位及架构；财务共享服务中心人员招聘。

3. 财务共享服务中心流程管理

流程管理是财务共享服务管理的精髓，CFO应当关注财务共享服务中心端到端的流程体系建设及流程维护、持续优化，以提高流程效率，降低流程成本。

核心技能：财务共享服务中心流程体系定义；财务共享服务中心标准化流程设计；财务共享服务中心标准化流程维护和执行监控；财务共享服务中心流程持续改进。

4. 财务共享服务中心运营管理

财务共享服务中心需要有效地运营以创造价值，CFO需要对运营管理中的核心职能予以关注。

核心技能：财务共享服务中心绩效管理；财务共享准入管理；财务共享SLA（服务水平协议）及定价管理；财务共享人员管理；财务共享风险与质量管理；财务共享"服务"管理；财务共享信息系统管理。

5. 财务服务外包及众包管理

服务外包和众包是财务共享服务模式的延伸和补充，CFO需要关注应如何进行外包、众包与共享服务之间的选择决策，同时对外包和众包的管理也需要有特定的模式。

核心技能：服务模式战略管理；外包供应商选择管理；外包商交付管理；众包平台搭建；众包平台用户获取、服务及管理；外包及众包风险管理。

（五）财务通用支持基础能力框架

1. 财务组织、人员管理

作为CFO，建设财务组织、培养财务队伍是责无旁贷的。因此，人力资源管理理论在财务领域的应用也是CFO需要掌握的。一个管理不好组织、团队和人员的CFO，必然是一个不称职的CFO。

核心技能：财务的分层治理机制；财务组织架构及岗位设计；财务团队及干部管理；财务人员绩效管理；财务培训及知识管理。

2. 财务信息化及智能化管理

对于现代的 CFO 来说，财务信息化和智能化管理已经是不可或缺的技能。因为完成大部分财务工作都是需要信息系统辅助的，因而 CFO 要积累一定量的信息系统知识，这样才能保障后续相关工作能够顺利完成。而在未来，财务的大量工作还会进一步被信息系统所取代。可以说，不懂信息系统相关知识的 CFO 在未来根本无法生存。

核心技能：财务信息化团队建设；财务产品设计及系统架构；财务与 IT 之间的沟通管理；财务大数据技术；财务自动化及智能化技术。

第四章 企业财务智能化规划

随着经济全球化的深入发展，企业之间的竞争进一步加剧，不断加强公司财务管理在企业生存、发展、做大做强的过程中的作用显得更加重要。本章内容为企业财务智能化规划，包括构建财务信息系统、建设智能化财务决策支持系统。

第一节 构建财务信息系统

一、企业构建财务信息系统的必要性

（一）财务信息系统是实现企业信息化的突破口

想要实现信息化建设，企业就要加大对财务管理信息化的建设力度，这是由于财务管理信息化决定整个企业信息化的建设。很多企业在对财务管理信息化进行建设时，需要经历漫长、复杂的过程，但为了让企业收获最大化的经济效益，这一举措的实施是必然的，因为它可以奠定企业全面开展信息化的基础。企业实现信息化的入手点是构建财务信息系统。

企业如果具备较大的规模和发展优势，就会对那些小型企业进行吞并。这种并购整合对于企业来讲，是一个发展机遇，同时也带来了一些挑战，企业之间的竞争将会日趋激烈。在这种情况下，传统的财务管理模式逐渐暴露出来了一系列的问题，对于企业的发展会产生一定的制约作用。那么就需要将先进技术应用到企业的财务管理中，实现财务管理的信息化。

（二）财务信息系统是跨地区集团化管理的有效手段

由于企业正朝着大型化和集团化的方向发展，因此，对于集团化企业来讲，

往往有着较为分散的结构和较多的子公司数量，并且有着较大的地域跨度，那么在管理工作中，非常重要的一个方面就是提升企业的管控能力。集团在对发展决策进行制定时，不仅需要对子公司的经营情况进行掌握，还需要避免有造假问题出现于财务数据中。但是采用传统的财务管理系统，因为监管强度不够，就无法有效准确地收集和传递信息。企业进行财务管理信息化建设后，借助于财务信息化系统，集团可以随时分析获取的数据，并且借助于信息化技术，对报表准确合并，对内部交易快速核对，这样集团就可以有效地掌握子公司的财务经营情况，管控能力得到了提升，同时随时从中提取数据，并进行分析，了解企业各个分支机构在财务管理过程中存在的问题，全面掌握和控制企业的整体经济运行情况，反映企业财务管理的真实情况和经营成果。

（三）构建财务信息系统符合了市场经济发展的大趋势

加强企业财务管理，符合了当前市场经济发展的趋势，顺应了时代的发展。在当前市场经济发展的大环境下，企业要想取得长远的发展就必须加强财务管理，不断加强自身内部管理体系，以适应我国当前不断变化的市场环境。企业作为我国国民经济发展的重要推动力，必须保证财务管理的有效进行，解决财务管理中出现的各种问题，着眼于企业当前的实际情况，加强企业的财务管理，发展企业独具特色的财务管理体系，这样才能保证企业在市场竞争的大潮中求得生存与发展。

二、财务信息系统的顶层设计

企业最为重要的经济资源是财务资源。在财务资源的聚合优势完全发挥的情况下，集团战略目标会变得更加清晰，企业也会收获最高水平的整体利益，以便在日后的激烈竞争中立于不败之地。所以，集团企业不仅要使及时掌握的以财务信息为核心的经济管理信息更加准确、完整，也要从整体上对内部资源加以深入管理与规划，从各种财务、管理方案出发选择对企业发展最有利的决策。集团企业在开展信息化建设时，首要目标是通过信息技术建立统一化的财务核算管理平台，并以集中管理集团财务的方式提高整体管理效能水平。

（一）设计目标

集团建立财务集中管控信息系统，为下一步建立集团财务共享中心创造必备条件。为适应集团发展战略需要，以"整体规划，分步实施"为原则，在集团及其下属企业内建立集团财务、预算管理、资金管理、网络报账、成本管理及财务分析信息化平台，并通过集团财务管理信息化平台建设，不断提升集团财务管理水平和价值创造能力，为经营决策及时提供有效信息，从而提高集团整体经济效益和社会效益。

具体目标有几方面：

第一，实现集中式财务管理平台，逐步打造一个能为集团决策提供真实、准确、有效的财务信息，具备财务集中核算、财务分析功能的财务资源管理平台。

第二，建立费用预算管理系统，实现对费用预算实时监控和分析，并实现资金、成本费用实时审批。

第三，以资金集中管理一体化平台为载体进行规划和部署，提高集团内部各管理层、业务处理层、分子公司与外部包括合作银行在内的资金业务处理平台之间的一致性水平和继承性水平，对集团资金服务进行保障，同时统一集团业务流程和基础数据，从而提高集团资金管理能力，落实相应规章制度。

第四，构建集团统一的网络报账平台，该平台是面向全体员工的办公集中、统一平台，为各级员工提供各类借款、网上报账、电子化签审和无币化付款，为管理层提供有关借款和报销的查询和监控。

第五，建立集团统一的成本核算体系，并使之得到有效落实、过程可控，结果可跟踪分析，并能够支持对成本进行测算预测、决策。

第六，为高层次的管理层构建能够"一站式"财务信息查询和分析服务的体系。在系统预制和菜单设计功能融合的情况下，管理者能够更加方便地处理财务指标、经营分析报告等信息。此外，财务分析平台要足够简洁、足够多元。

（二）设计原则

1. 足够先进

系统建设的理念基础是现代化、科学化，它要求主流技术、主要设备足够成熟，所以所采取的方法要足够先进，这样才能在具备发展潜力、融合性特征的前提下，将当今先进信息化水平呈现出来。所谓"先进"，指的是硬件环境配置、软件技术和理念、系统实施及技术支持等方面足够先进。

2. 具备适应性

集团企业的管理特点也是系统建设的考虑因素，因为系统建设可以将同行业信息化建设的优点运用于企业项目中，进而推动企业管理模式的渐进式转变，让企业更加稳定地渡过各个发展阶段。

3. 具备整体性、集成性和开放性

系统建设一方面着眼于企业当下信息系统建设的实际需要，也从整体层面考虑集团信息化建设。产品和服务的基础是整体框架设计，力求规避"信息孤岛"现象。在规划系统时，要时刻秉持国内外以及行业内相关标准原则，以保证系统能够不断进行拓展，并设计足够开放的标准接口，为日后的系统接口提供对接保障。

4. 可以扩展

系统用户、信息系统的子系统都具备逐步增加的特征，也就是说，系统是一步一步发展完善的。在数据量增加、运行节点扩展的情况下，系统结构和容量、产品系列、系统处理和通信能力都应能够被扩展，以此为产品升级换代奠定基础。

5. 足够安全、可靠

只有足够安全、可靠的信息化系统才能成功被运用于实际。其中，足够安全指的是物理、传输、管理等方面的安全性足够高，最重要的是系统数据的安全。系统要在确保安全管理功能水平满足需求的前提下，构建涉及检索、提取、库存、发布、管理等多个维度的安全机制。系统的可靠性需要以网络系统的热机备份、自动恢复、网络分段、容错设计等措施为基础进行保障。

6. 易于运用、可以维护

系统要保证用户界面足够友好，并根据不同职责人员的需求设计不同界面，且该界面要易于运用，易于随时通过系统加以维护管理。

（三）整体架构设计

集团财务管理软件是面向集团企业提供的财务信息化解决方案，支持集中核算、财务共享中心、营改增等各种业务，不仅能够帮助集团企业进行日常的财务核算、合并报表、会计信息披露等业务处理，也能够通过现代网络通信技术，构建对集团企业决策有帮助的信息共享体系以及数据体系。

财务管理软件通过集中式管理模式，服务于集团总体战略，从宏观角度对集团所有供应链环节对应的协作、分工、专业化加以管控，也讲究总部监控和整合集团资源的力度，并推动集中存储数据、集中规划资源、集中监控信息目标的实现。此外，财务管理软件能够使集团的财务管理系统平台更加统一、更加集中，企业高层管理规划的决策也能因此收获更高的效益，并最大限度地提高集团整体价值。基础层集团财务管理应用架构的特征是平台统一，也就是说，平台是所有系统的设计基础，能够统一管理系统之间的业务流程、数据标准，也能够在数据上与异构系统进行对接。

1. 集团运营层

集团财务管理软件能够解决包括集团财务具体应用的企业日常财务核算需要，具体有现金管理、固定资产、财务分析、财务报表。

2. 集团管控层

财务管控是集团管控的核心，在满足企业资源整合的基础上，通过财务信息监控、全面预算和资金管理等，实现企业风险控制。

3. 集团战略层

集团财务管理软件能够帮助企业高层规划决策前，更加及时、全面、精准地分析经营数据，让企业决策能力、决策效率、决策准确性等方面的水平得到提高。

（四）系统部署架构方式

1. 集中部署

根据企业的要求，财务集中管控信息系统采取集中部署的方式，即集团财务集中管控系统基于统一的基础平台构建和运行，并建立中间缓冲库，以确保信息无缝安全连接。财务集中管控系统的服务器统一部署在集团指定地点,下属成员单位将直接通过专线访问系统在工作终端完成相应的业务处理,业务数据通过专线传输到总部数据库。

2. 网络拓扑

针对集团财务集中管控信息化系统项目硬件平台建设,分为两个部分,即网络层、应用层。其中网络层的规划可以根据实际情况在原有的网络架构上进行建设,但是应用层的规划设计是直接支撑新业务系统的,所以需要重新规划。

网络拓扑结构设计应根据集团财务集中管控信息化建设项目的要求,结合其他大型集团客户信息系统硬件平台的经验。

(五)关键业务

企业财务管控信息化建设方面主要关键业务:

1. 构建集团集中式财务管理信息系统

构建集中式财务管理信息系统,要从以下三个方面进行。

第一,集中数据,将核算单位的所有业务数据集中于总部,这样一来,系统管理员才能更加便捷地对数据统一管理和备份任务。

第二,集中管理,实现会计核算标准化、规范化,构建集团专属财务管理体系,使得集团的财务管理更加标准化、规范化,并践行相关政策,让流程更加有效。统一分配操作职责和权限,以落实不同核算单位的日常财务处理工作,帮助总部更进一步地统一设置、管理标准数据、职责、权限、流程,实时查询分析各个核算单位财务报表的目标以及集中核算、统一管理的目标、并确保目标都可以实现。

(3)集中决策,公司可以借助信息系统的支持作用,实时搜集各产业单位的真实数据,并根据市场变化情况作出相应的决策,从而落实集团层面的企业战略。

2. 自动出具合并报表,提高报表编制效率

提高报表管理系统的灵活程度,根据核算系统,减少合并报表、汇总报表等

所需的人工操作量，并提升报表的整体质量和编制效率，提高财务信息的及时性和准确性。

报表系统不仅能够帮助公司内部各个单位对相应下级单位进行管理，也能够帮助集团从财务报表上掌握各单位的原始单据信息。每个上级单位可以从真实需要出发规划条件，在报表汇总和报表分析时按照行业、类型等维度进行。

3. 构建统一的资金管理平台，强化集团管理

通过规划和部署统一的资金集中管理平台，实现集团内各管理层、业务处理层、分子公司以及外部合作银行等相关资金业务处理平台的一致性和集成性，在保障集团资金服务的同时，实现集团资金管理平台、业务流程、数据的统一，以强化集团资金管理效率和制度地贯彻落实。

第一，通过银企直联，加强资金业务的实时监控。建设网络化的资金管理信息系统，依托银行网络平台，通过"银企直联"软件，实现集团、企业和银行的互联互通，实现跨地域的集中管理，使集团和各企业都能实时掌握资金信息（存量、流量、流向等），并让这些信息成为集中的可分析的数据，提供决策依据，提高集团和各企业资金管理能力。

第二，实现集团资金的统一调剂。在对资金的集中管理过程中，首先实现集团内银行账户的统一管理。通过选择统一的合作银行，并在集团、银行和各企业间签订三方协议，实现银行账户网络化管理。把集团内经营资金的业务统一集中到几家银行内。资金科可以根据需要对资金进行调剂使用，提高资金使用效率。

第三，构建灵活、快捷、安全的资金支付体系。在资金集中管理的过程中，为了不影响集团和企业正常的生产经营，借助银企直联，通过资金调剂、内部结算、集中支付、企业支付等多种结算模式，建立起从成员单位—集团资金中心—外部银行快速、安全的网络化电子结算体系。

4. 实现全面预算系统与资金系统的集成应用

实现全面预算系统与资金管理系统集成应用，并可以将关键控制环节和控制要求固化于系统中，实现对资金管理系统的内部控制。

通过将预算系统和资金系统建立集成应用接口，实现预算控制和网上审批，通过预算系统实现对资金流动的有效控制，不断强化预算管理在集团企业财务管理中的作用。例如，当有超预算的资金流动时，预算系统能够提供多种处理方式，包括无法支付、预警、审批后支付等。

5. 实现全员网上报账，与费用预算全面对接

网上报账系统是一个面向全体员工的办公平台，为各级员工提供借款、网上报账、电子化签审和无币化付款等功能，为管理层提供有关借款和报销的查询和监控功能，为员工提供往来款项等相关费用查询，可以将费用报销延伸到费用发生前的申请、审批和稽核，通过活动申请单实现费用发生的事前控制，能够根据申请审批结果对后续实际发生数进行控制，并作为后续流程的数据来源，同时通过费用预算的编制明确各个费用预算主体的责任，对报账的各个业务环节进行灵活的控制，最终达到费用发生按计划执行的目的。

6. 建立集团统一的成本核算体系

实际成本管理依托系统的优秀组织架构模型，提供了集团制定统一的成本管理的基础资料，通过配置业务控制策略，分配到下级组织或由下级组织引用集团统一基础资料，从而实现集团成本核算基础信息的统一，同时还设置了业务控制类分配标准数据，该数据可在集团层面维护，然后下发到各下属单位，下属单位只有使用权，没有维护权，从而保证集团或下属单位使用同样的标准数据，保证了口径统一，使成本核算政策得到了执行上的落实。

7. 构建完善的财务指标分析体系和 KPI 评价体系

财务分析是决策支持的基础，财务分析包括报表分析、指标分析、预算分析等基本部分。运用先进、智能化决策支持工具，可提供及时准确的财务分析数据，实现预算对比分析、趋势分析及构成分析，并将经过分析集成的、内容丰富的决策信息以简洁的形式按行业、区域提供给决策者，使决策层对集团财务信息有更深层和更全局性、直观性的分析，在此基础上进行战略决策和规划。

同时，要考虑在未来扩展过程中能整合各部门相互独立、标准各异的信息系统，消除"信息孤岛"。

第二节　建设智能化财务决策支持系统

一、智能化财务决策支持系统构建

（一）系统功能与结构

系统由数据层、分析层和交互层三部分组成。

数据层负责的工作包括数据清洗、数据收集、数据挖掘和存储。以自动数据传输程序和自然语言处理技术为基础，不仅能够从内部出发，获得来自本地数据库的业财、审计、信用等方面的决策信息，也可以从外部获得政府政策、税务、汇率、市场、法律、宏观经济等公布于互联网的信息。在经过数据清洗和数据挖掘后，上述内外部异构数据可以转变为能够被分类储存的、推动决策落实的实用信息。数据仓库为新系统的深度学习、财务决策制定提供无穷动力，而对数据进行提前处理和分类汇总，能够确保财务决策及时制定。

分析层的负责内容包括财务分析、财务预测、财务决策等活动的开展。财务预测、决策的开展基础是财务分析，而财务分析、财务预测又为财务决策提供依据。知识库、模型库、方法库以及各自相应的管理系统和人工智能分析系统都属于分析层。其中，各种财务知识、推理规则、财务常识存储于知识库，财务分析、决策、预测方法存储于方法库，财务分析模型存储于模型库。这三种数据库不仅能根据接收的人工智能分析系统的指令从库内搜寻相应的知识、方法、模型，也能将深度学习算法嵌入其中，在后台自动进行新知识、新方法和新模型的建立及对已有知识、方法和模型的改善，从而及时更新知识库、方法库和模型库。人工智能分析系统负责接收人机交互系统传达的财务决策目标，并据此向各库管理系统和数据仓库发送指令，接收数据进行分析，最后将结果反馈给人机交互系统。人工智能分析系统中包含若干嵌入深度学习算法的推理机，这些推理机一部分负责根据财务决策目标确定所需知识、方法、模型和画像的种类，另一部分负责进行财务分析以生成各类画像，还有一部分负责财务预测和决策的生成。

所谓"画像"是指通过数据分析和推理得到的、以数字表示的、对某一事物的全面描述。比如，根据数据仓库中的数据对组织结构、治理机制以及风险偏好等企业特征进行刻画，并对财务绩效、现金流情况、财务风险水平等客观情况开展实时分析，可以得出客观准确的企业画像。同时，通过对企业面临的投资、筹资环境、市场环境、宏观经济环境等外部环境信息进行分析，还可以形成外部环境画像。需要强调的是，各类画像中不仅包含最终形成的高度概括性的分析数据和结论，还可以进行数据钻取，可根据后续计算的需要钻取原始数据。依靠深度学习算法，可以实现企业画像和外部环境画像的匹配，进而进行财务预测，并在此基础上综合财务分析的结果，最终得到财务决策。在整个财务决策制定流程中，对于具有高度重复性、逻辑确定并且对稳定性要求相对较低的部分，通过运用机器人流程自动化（RPA）工具实现自动化处理，从而进一步提高财务决策制定的效率。为了提高财务决策需求产生式系统的反应适度，在财务决策支持需求频率较低的时间段，比如企业下班时间，新系统可根据以往财务分析、财务预测和财务决策的需求，推测未来可能的财务决策目标，并进行相关分析工作。当人机交互系统传达财务决策需求时，人工智能分析系统会根据深度学习的结果将企业画像、外部环境画像与决策目标相匹配，从而得到适当的财务决策。以企业金融资产投资决策为例，将由企业画像得出的企业财务状况和风险偏好等变量，由外部环境画像得出的市场系统风险、风险溢价等变量以及由金融工具画像得到的不同融资策略的风险、成本等变量代入决策模型中，通过深度学习算法，将企业需求与金融工具特点进行匹配，从而选出最优投资组合。

另外，在财务决策执行过程中，通过不断更新数据仓库中的数据，新系统自动进行财务分析和预测，这一方面实现了画像及时更新，为财务决策的效率提供了保证，另一方面也实现了对财务决策执行情况的监督和控制，使风险点的及时预警和必要时对财务决策的及时动态调整成为可能。

交互层是联系新系统与决策者的纽带。人机交互系统使用语音识别和自然语言处理技术，因此决策者可以使用自然语言与新系统进行沟通。在进行财务决策的过程中，人机交互系统通过对自然语言的处理形成财务决策目标，同时将财务决策目标传达给人工智能分析系统。在完成财务决策后，通过人机交互系统，输出财务分析报告、财务预测报告以及综合上述报告信息的财务决策报告，或根据决策者需求编制的定制报告。

（二）系统决策模型构建

系统在以管理会计信息为基础构建的大数据决策有用信息的支持下，进行包括筹资决策、投资决策、成本决策、股利分配决策和特殊财务决策在内的财务分析、预测和财务决策支持工作。财务分析和财务预测模块作为支持性模块，在每一次财务决策任务中都会被采用，以提供决策数据支持。

1. 筹资决策

首先，通过财务分析得到企业画像、外部环境画像和筹资工具画像，为筹资决策提供数据准备。财务决策目标可能包括但不限于筹资期限、筹资金额和筹资成本要求等。当收到筹资决策目标后，新系统根据目标要求，在各类画像中提取相关的决策有用信息，包括企业的偿债能力、发展能力、营运能力、盈利能力、风险偏好等，外部环境中的银行利率、汇率、税收政策及市场风险等，以及各种筹资方式下的筹资工具风险、成本等特征，并借助深度学习算法将这些信息进行匹配，预测每种筹资路径下的筹资成本、筹资时间等数据，最后根据财务预测的结果，提出财务决策方案并根据决策者需求出具相关报告。

2. 投资决策

企业画像和外部环境画像仍是投资决策的基础，根据投资决策目标的不同，可能与决策相关的因素包括偿债能力、营运能力、治理结构、利率、税率、市场及行业因素和法律法规的合规性因素等。然后根据具体的决策目标，提取不同数据进行大数据分析和数据挖掘，定制拟收购企业画像、新产品画像、新设备画像、新技术画像以及金融工具画像等。在此基础上，根据投资目标中包含的对投资回报率、投资规模等方面的要求，选取合适的算法。将各类画像进行匹配，并进行财务预测，根据财务预测结果生成财务决策并出具相关报告。

3. 成本决策

根据不同的成本决策目标，可以在企业画像的基础上进行数据钻取，获得人力成本画像、生产成本画像以及资金成本画像等，以便更详细和准确地揭示企业在人力资源、生产经营和资金使用等方面的成本构成和成本规模。同时，当成本决策目标涉及供应成本或销售成本时，应定制供应商画像或分销商画像。然后根据决策目标中包含的对成本规模、产品或服务质量等方面的要求，对各类画像进行匹配，并对可能产生的财务后果进行预测，并最终得到成本决策。

4. 股利分配决策

根据对企业画像治理结构数据的钻取和外部获取的股东相关信息，可以描绘包含股东性质、股东收入构成和股东风险偏好等信息的股东画像。根据股利分配决策目标的要求，关注企业能力、外部法律法规要求、税收政策、投资机会以及不同股利政策和股利支付方式的适用条件和优缺点。将各类画像相匹配，寻找公司发展和股东权益保护之间的均衡点，从而作出最优决策。

二、智能化财务决策支持系统实施路径

（一）实施环境构建

系统正常运转需要周围环境提供支持和保障。实施环境包括相关支持系统和规章制度。支持系统为新系统正常运行提供了物质、数据和人力资源方面的保证，而配套的制度支持则明确了责任和权限，规范了新系统的应用秩序。

1. 支持系统构建

（1）基础业务及财务系统构建

企业原有的业务及财务系统，比如ERP系统、HR数据库等是新系统所需企业内部数据的重要来源。一方面，相比人工处理的数据，计算机处理的数据往往具有更高的可靠性，因此基础业务及财务系统覆盖范围越广，自动化程度越高，新系统中数据质量越高，进而为提高财务决策质量提供了保障。另一方面，基础业务及财务系统的构建使得数据导入工作可以完全由计算机进行，大大提高了数据导入的效率和效果。因而在构建新系统前，企业应先完善基础业务及财务系统的构建。

（2）数据仓库构建

从基础数据库收集的信息都在经过清洗、加工和归类整理后按主题存储于数

据仓库中，因此数据仓库中存储了各层次财务决策所涉及的全部数据，可以说，数据仓库为财务决策提供了数据基础。企业构建一个安全可靠且容量充足的数据仓库是必不可少的。大型企业可以构建自己的数据仓库，这种数据仓库构建成本偏高、可拓展性较差，但是可通过内网连接，安全性有保障。企业也可以选择云端数据仓库，其由专门的运营商构建和维护，企业只需要支付使用费，大大节省了企业的时间成本、人力成本和财务成本。同时，其安全性近年来也在不断提高。

（3）相关人才系统构建

新系统的使用是在公司财务领域的一次变革，不仅涉及管理者传统财务决策方式的改变，也将影响普通员工的日常工作。企业一方面应关注员工心理，通过领导带头的方式积极推进新系统构建工作，另一方面应对员工以及管理层进行必要的培训，使他们能够尽快熟悉和掌握新系统的功能和使用方法。同时，新系统的应用将会替代基层管理者完成其大部分原有工作，企业应加强对基层管理者的职业发展培训，使其掌握更高级的管理或专业技能，帮助员工提升能力从而为企业创造更大价值。

2.相关制度支持

（1）授权制度

新系统为不同层次的管理人员提供财务分析、财务预测和财务决策支持，涵盖集团及不同级别子公司的业务及财务数据，涉及大量公司机密，因此必须对不同层次的使用者规定适当的权限，并严格禁止权限外的操作，以保护数据安全。新系统使用者的权利主要包括财务数据审阅权利、财务数据修改权利和财务决策支持权利。权限设置应与不同层次管理人员的需求相匹配。对于公开信息应赋予所有新系统使用者查阅的权限，同时根据职能层次限制数据钻取权限，达到权限设置的目的。高层管理者应区分集团高层管理者和子公司高层管理者。集团高层管理者的财务决策需求往往关系集团整体战略，涉及集团长远发展，因此应全面掌握集团内外部信息，以保证其可以实时进行报告审批和数据查询工作，并满足其财务决策的数据需求。子公司高层管理者的数据钻取权限则受到一定限制，仅限于钻取本公司全部信息。中层管理者的财务决策需求主要涉及各部门自身发展，比如控制部门成本。其数据钻取权限应限制在本部门内部信息范围内。

基层管理者的需求一般涉及企业日常经营活动，比如原材料补给等，因此仅应被授予与其工作需求相关的数据钻取权限。

基于反舞弊考虑，财务数据修改权利应被严格控制，并执行授权审批程序。由业务和财务系统自动生成的数据不允许进行人为修改。当人工录入的数据出现错误需要修改时，应遵从不同业务部门的审批程序，比如财务数据需要修改凭证记录时，须经会计主管取消审核。其他没有修改权限的人则严格限制对新系统数据的修改。

财务决策支持权利同样与管理者层次相匹配。禁止为管理者提供高于其所在层次的财务决策支持，以防止企业商务机密泄露。同时，财务决策报告也仅限本次财务决策支持发起人和其上级管理者查阅。在新系统下，基层管理者的财务决策需求基本可由新系统自动完成，但基层管理者仍可随时查看这些财务决策报告，以实现对新系统的监督。

（2）追责制度

企业管理层始终是财务决策的主体，财务决策支持系统为其提供辅助决策功能，以帮助其提高决策质量，但最终决定权仍掌握在决策者手中，因此采用新系统并不应因此减轻管理层的责任。当出现错误的财务决策时，这项决策的发起者应对其负责，并视企业遭受的损失承担相应的责任。基层管理者应负有对新系统代替其作出的财务决策进行监督的责任，因此当自动执行的财务决策出现失误时，应查明基层管理者是否尽到了监督义务，若未尽到则应由基层管理者承担失职的责任。

(二) 财务决策具体定制路径

1. 常规决策

常规财务决策是指企业在日常生产经营活动中频繁发生的财务决策事项，如最佳库存选择、采购时点确定、应收账款催收等，这类财务决策通常属于结构化或半结构化决策。通过对新系统的训练，可以得到这类财务决策的最佳决策模型。以采购时点确定决策为例，新系统通过实时收集的业财信息，可以监控原材料的仓储量、每日生产领用情况，根据销售合同、车间生产计划书等资料可以预测未来领料量，再结合供应商规模、销售情况、地址、天气等信息可以精准计算材料到达需要的时间。当上述信息代入训练得到的决策模型中满足再订货选择条件时，新系统就会作出采购决策，并自动通知仓库等相关部门。此类决策由各部门基层管理者主导，其所在部门负责执行，所涉及的基层管理者仅需定期对决策结果进行抽查，保证系统运行的稳定性即可。

2. 复杂决策

复杂财务决策又可称之为特殊财务决策，指企业在日常生产经营活动中不经常涉及的财务决策。这类财务决策虽然发生的频率低，但通常影响重大，因此对财务决策的质量要求更高。这类财务决策通常不再由财务部门主导，而是由中、高级管理层、董事会或专门成立的项目组负责。这类决策可以进一步分为两种类型，一种是新系统曾训练过的财务决策，另一种是全新的财务决策。

对于未经调练过的财务决策，新系统可以根据调练得到的知识和模型得出最终决策，但为了保证每一次的决策质量，在新系统作出决策后，应由组织负责对财务决策结果进行检验和评估。新系统会记录决策者对最终决策的修改，并对决策模型中的相关系数进行调整。每一次财务决策过程也是对新系统的训练，随着决策次数的增多，新系统的准确性和稳定性也会不断提高。

新系统并不是只能解决经调练的财务决策问题，对于全新的财务决策，新系统可以借助已有的知识和模型作出自己的推理和预测，并形成初步决策。决策者在获得财务决策结果后，可通过自然语言与新系统进行沟通，对决策条件进行补充和修正，进一步细化财务决策方案，针对部分财务决策进行深度探讨等，直至形成组织满意的决策方案。同样，在决策者对财务决策结果进行修正时，新系统会自主学习，并不断形成新的知识，优化参数设置，进而提高未来应对全新决策的能力和财务决策质量。

无论是常规财务决策还是复杂财务决策，新系统都会跟踪和记录决策执行结果。当结果符合决策目标时，相关参数会被加强；当结果出现偏差，但在企业可接受范围内时，系统会对参数进行修正。对于严重偏离决策目标的结果，新系统会分析成因，在修正模型的同时向负责部门或组织输出分析报告。

第五章 企业财务智能化创新

财务管理是一门对企业财务活动的管理进行研究的经济管理学科,在现代企业管理中发挥着越来越重要的作用。本章内容为企业财务智能化创新,论述了战略财务创新、专业财务创新、业务财务创新、共享服务创新四方面的内容。

第一节 战略财务创新

一、战略财务框架详解及智能增强

企业战略财务管理的各项工作内容都会受到新技术的影响,包括直接的技术影响,以及智能技术改变整个社会、经济形态后带来的间接影响。在这里,我们基于 CFO 基础能力框架进行详细讲解,并进一步谈一谈战略财务在智能时代会发生怎样的改变。

(一)战略与业务

1. 框架详解

战略与业务框架详解,如表 5-1-1 所示。

表 5-1-1 战略与业务框架详解

项目	说明
战略解读	能够深度理解公司战略目标,并清晰、准确地解读公司管理层达成的战略共识,预判公司战略将对整个企业带来的影响
财务与战略	能够将财务管理与公司战略目标的达成路径相匹配,明确公司战略目标对财务配合财务资源的需求及对财务管理的要求,实现财务工作对战略的有效配合与支持

续表

项目	说明
公司资源及计划的管理参与	深度参与到公司经营计划的制订与管理过程中，能够站在财务视角评价业务部门经营计划设置的合理性，使经营计划与财务能力更加匹配
财务资源配置管理	能够根据战略目标的达成路径与经营计划，有效地进行资源配置管理，对资置管理源的投向和投入产出效率、效果进行管理
与业务单元的沟通	能够站在一定的战略高度上展开财务与业务部门的对话，通过充分的沟通建立业财的协同能力

2. 智能增强

智能时代的到来将对企业的经营产生重大影响，各行各业在这个过程中都或多或少会被智能化所改变。或许你所在的企业会成为智能服务的提供商，或者成为智能技术研发的参与者，也可能在当前的业务模式中引入智能化工具，创新商业模式，提升竞争力。无论如何，智能化对企业未来的经营将会产生重要影响。部分公司会在战略层面进行调整，也有一些公司会进行战术层面的适配。

战略财务要能够敏锐地跟上企业战略和经营变化的步伐，主动为公司的战略或战术改变提供支持，而非被动响应。在这场智能化变革中，战略财务的积极参与能够让我们赢得主动，更好地体现财务对公司战略和经营决策支持的价值。被动响应将使财务无法与业务站在同一对话层次上，从而导致业务部门自行构建或弥补战略财务能力的不足。这一现象在信息化时代已经有大量的案例，但愿历史不会重现。

（二）财会控制机制

1. 框架详解

财会控制机制框架详解，如表5-1-2所示。

表 5-1-2　财会控制机制框架详解

项目	说明
财务与会计制度管理	完善的财务与会计制度体系是企业财会控制机制的基础，企业需要建立多层次的、立体的科学制度体系框架，建立制度发布、修订、废止的完整管理循环和管理机制
内部控制	建立内部控制体系，基于内部控制框架展开相关管理工作，关注控制流程的完整性、控制措施的有效性等问题。从财务视角更多地关注财务组织、制度、流程、信息系统相关领域的内控体系建设
内部审计与稽核	以财务制度及合规要求为依据，采用多种手段获取审计与稽核线索，展开相关的线索调查，发现风险事件或案件，取证形成结论后，并给予相应的纪律处理

2. 智能增强

首先，智能化对财务的影响是全面的。因此，财务的管理模式、流程体系、系统支持方式都会发生一定的改变。作为财务管理的支持保障，财务制度体系也必然受到影响。在制度体系层面，应当结合智能化对财务系统、流程带来的影响进行必要的完善和调整。

其次，内部控制方式会因智能化发生改变。智能技术能够加强内部控制能力，可以在内部控制体系中引入更多的智能化工具，更重要的是因为智能化的到来，内部控制环境会发生重大改变，更多的财务管理工作将基于大数据、人工智能的模式，对这些看不见的流程或财务管理工作实施内部控制，将成为新的课题。

而对于内部审计与稽核来说，智能化的影响最直接。在智能时代，人工智能将取代大量的财务操作人力，依靠算法的机器处理将取代依靠人的行为的业务处理，审计的范畴将从传统的审计向算法审计和 IT 审计转变。而在审计和稽核的手段上，基于大数据的远程稽核将成为主流模式。同时，企业依靠大数据监控，能够更早地发现风险线索，由传统审计与事后追责向事前预防转变。

(三)价值管理

1. 框架详解

价值管理框架详解,如表 5-1-3 所示。

表 5-1-3　价值管理框架详解

项目	说明
产权管理	能够从产权建立、变动、退出的各个环节对产权进行全过程管理,建立清晰的产权地图,通过对产权的优化来实现对财务报告、风险管理、融资能力等各方面的优化
营运资本能力管理	能够对企业经营过程中的流动资产与流动负债进行管理,从而合理地确定营运资金量,在满足经营需求的情况下,合理地节约营运资金,提高资金周转率,保障短期偿债能力
现金流量管理	能够把现金流量作为管理的重心,兼顾收益,围绕企业经营活动、投资活动和筹资活动构建现金管理体系,对当前或未来一定时期内的现金流动,在数量和时间安排方面进行预测与计划、执行与控制、信息传递与报告以及分析与评价
经济附加值管理	能够在清晰计量债务成本和股本成本的基础上计算经济附加值,公司每年创造的经济增加值等于税后净营业利润与全部资本成本之间的差额。在企业绩效评价值中引入经济附加值,更加客观地反映企业的价值创造能力。能够驱动管理者关注利润创造过程中的资本投入成本,提升资本使用效率
新业务价值管理	对于特定行业,如寿险行业会高度关注新业务价值,在考核中引入新业务价值管理,能够更好地反映寿险业务的长期性特征,更好地避免管理层短期行为和代理问题,更好地驱动长期资源配置和战略决策方向
并购价值管理	能够帮助企业在并购过程中清晰地评估并购企业价值,进行财务和税务尽职调查,通过优化资本资产结构、合理设计股利分配方案等方法,帮助企业实现并购后整体价值的提升,优化被购企业进行财务管理的能力,提升并购价值

2. 智能增强

对于价值管理来说,大数据是智能增强的技术核心。在大数据之上辅以机器学习,能够挖掘出更多的智能增强场景。

对于产权管理来说，基于规则的初级人工智能及大数据技术能够辅助企业进行产权风险管理，帮助企业在风险出现的早期更加及时地识别和防范风险。

对于营运资金管理和现金流量管理来说，大数据可以帮助企业发现更多的管理线索，而且大数据结合机器学习，能够为企业经营提供更强大的预测能力。经营预测更可靠，将在营运资本和现金流量预测方面带来价值。

在并购价值管理中，借助大数据的相关性分析，能够发现更多可能提升并购价值的举措线索。这些管理线索有可能在最终的并购价值创造中发挥重要作用。

（四）经营分析与绩效管理

1. 框架详解

经营分析与绩效管理框架详解，如表5-1-4所示。

表5-1-4　经营分析与绩效管理框架详解

项目	说明
KPI体系搭建	能够根据企业的经营目标，结合业务特点，设置有清晰导向作用的KPI（关键绩效指标）体系。KPI体系应当构建由根指标、衍生指标组成的指标树，并定义指标口径，明确指标的维度和计算方法，明确指标的目标值设定逻辑。指标体系应当有可靠的日常管理和维护机制
经营分析报告	能够提供有决策支持价值的经营分析报告，形成层次化的经营分析报告体系以及报告的日常管理和归档体制，针对报告中的问题能够有效地展开深入的专题分析，形成既有广度又有深度的经营分析能力
绩效考核制度搭建及奖惩执行	构建绩效考核制度，将KPI和经营分析报告的运用与绩效考核形成有机整体。绩效考核体系能够与业务目标的达成紧密结合，并能够切实影响业务部门的经营行为，使其成为企业战略落地的重要驱动工具。绩效考核应与管理者的晋升、奖金等形成紧密联系
投入产出管理	能够对企业经营过程中的各类日常或项目化投入建立起投入产出的评价机制。将投入产出率作为资源投入的重要财务评价指标，建立清晰的投入产出模型，并予以执行运用

续表

项目	说明
市场对标管理	能够对企业的核心经营情况展开市场对标，进行与市场同口径平均水平的对比评价，定义和识别关键竞争对手，并与竞争对手就关键经营指标进行对标。对标结果可用于KPI的目标值设定
重大关键项目管理	能够对重大财务投资项目进行全生命周期的专项管理，对项目的四算（概算、预算、核算、决算）及项目的投产、关键阶段的KPI等进行全面的财务评价和财务管理

2. 智能增强

智能化技术将对经营分析的视角和工具方法带来影响。从分析视角来说，传统经营分析所受到的数据的局限性将被打破。在大数据的基础上，能够从因果分析向相关性分析转变。由于数据的边界从企业内部延展到社会化数据，KPI、经营分析报告、市场对标等职能都可能获得更加可靠的数据基础，从而对经营分析结果的可用性带来更大的帮助。

而在工具方法方面，大数据和云计算的结合应用将使经营分析获得更加灵活和丰富的分析能力。二者的结合，能够为经营分析提供更加强大的数据采集、数据捕获和数据处理能力，使经营分析的边界得到延展。同时，大数据的非结构化数据的处理能力能够帮助企业经营分析更好地面对市场上与企业相关的热点信息的处理，将新闻、微信、微博等社会化媒体的信息纳入经营分析的视野。

此外，人工智能技术的发展，也将使经营分析方法从经验分析向算法分析演变。这使更为复杂的分析能够得以实现。同时，基于机器学习、算法的自我优化，能够使经营分析能力实现持续提升。

（五）全面预算管理

1. 框架详解

全面预算管理框架详解，如表5-1-5所示。

表 5-1-5　全面预算管理框架详解

项目	说明
经营计划管理	能够驱动业务部门在预算编制之前先进行经营计划编制，对经营计划进行审视和评价，并推动业务部门进行经营计划优化和完善
预算编制管理	在经营计划管理的基础上，联同财务与业务部门共同进行预算编制，能够根据企业的实际情况选择不同的预算编制方法和预算编制周期，支持多维度的预算编制，提供系统化的支持和灵活高效的预算调整
预算预测	能够对未来的经营情况进行预测模拟，基于拟配置的预算资源，对未来的资产负债、损益情况进行预测，并能够基于不同的资源配置进行敏感性分析。能够支持对管理口径和法人口径的预算预测
预算执行与控制管理	能够对预算的执行情况进行有效的过程管理，针对不同的预算维度实施执行控制，将预算执行结果及时地反映给预算账户管理人，并能够进行及时的预算过程执行分析。针对特定类型的预算，如项目预算等，能够提供更为复杂的执行和控制管理，如预算动支、兑现等
预算分析	能够进行多层次的预算分析，预算分析能够覆盖多维度、多时间周期。能够针对不同周期，提供事后分析和实时分析的支持，形成预算分析报告，并对预算分析异常事项展开专项分析
预算组织管理	能够建立健全预算管理组织，预算组织应该涵盖管理层与执行层、财务与业务，预算组织应当根据需要灵活地构建实体组织与虚拟组织。能够有完善的预算组织机制，涵盖职责、管控关系、架构和岗位、运作机制等
预算流程管理	能够建立完善的预算管理流程，在预算管理生命周期的不同阶段针对各项预算的相关工作建立标准业务流程，推动流程有效执行，并实施监控

续表

项目	说明
预算系统管理	能够建立有效支持预算编制、预算执行控制、预算分析等预算管理工作的信息系统，实现预算编制所需要的参考数据的系统对接，实现预算执行数据的有效对接。能够建立完善、有效的预算系统管理和维护机制

2. 智能增强

首先，在经营计划、预算编制过程中，智能化技术能够发挥重要作用。可以说，预算编制过程就是资源配置过程，因此资源配置的方向、权重是否合理是预算编制结果能否发挥价值的重要评价标准。大数据分析能够辅助验证业务部门在资源投向上的真实性，能够展开更为清晰的资源投向和业绩达成的相关性分析，从而使财务有能力对资源配置投向进行评价。

其次，在预算预测的过程中，能够基于大数据、机器学习等方法构建更为复杂和完善的预测模型，能够展开大量复杂场景下的敏感性分析。这使预算预测的可靠性和对未来复杂不确定性的预判能力都能够得到更大的提升。而现在，让人更加期待的模拟技术正在出现，引入人工智能的虚拟商业生态系统能够让未来的预测建立在与真实社会相仿的现实模拟环境中。比如，在拟真的环境中投放广告，设置不同的预算投入，模拟用户的真实反映，评价预算的投入效果等都可以在未来的某天成为现实。

在初级人工智能阶段，预算的执行与控制能够基于所植入的更加复杂的规则来进行。在机器学习下，预算的执行与控制模型或算法能够基于所设定的控制目标，由人工智能来进行持续的完善。而在传统模式下，由于人力所限，无论是对控制规则的设计还是对控制过程的管理都被约束在一定的范围内。基于机器学习的预算执行与控制将能够提供更丰富的控制逻辑，在不同的场景下选择差异化且更合适的控制机制，实现预算的柔性管控。

二、元数据和大数据

传统的经营分析是建立在有约束的技术条件之下的，对财务人员的经营分析技术有着较高的要求，而即使信息系统能够提供支撑，在传统的财务信息化环境中，经营分析结果对业务的决策支持能力也始终存在局限性。

（一）经营分析的概念框架

1. 数据基础

对于传统经营分析或者财务分析来说，数据是基础，经营分析人员通过各种渠道获取各种各样的数据来展开分析。如果企业中已经建立了数据仓库和数据集市，那么，恭喜这些经营分析的幸运儿们，在这样的地基上盖房子还是比较靠谱的。而如果数据分散在大量独立的系统中，甚至是各层级、各类人员的 Excel 表中，那么就要小心了，你可能在用沙子打地基，盖起来的房子就可想而知了。

在经营分析体系中，要构建一个好的数据地基需要企业对数据仓库、数据集市有清晰的规划和设计，对数据的定义、标准、来源和采集有清晰的业务逻辑。当然，数据仓库和数据集市都是数据的载体，要想避免数据垃圾的产生，系统本身的数据质量需要有所保障，而这种数据质量的保障能力来自前端业务流程和信息系统的有效搭建与管理。

站在财务的角度，还必须提到三套数据，它们是经营分析的重要数据基础。一套来自事前，我们称之为"预算"；一套来自发生后的记载，我们称之为"核算"；还有一套来自事后的深加工，我们称之为"管理会计"。将这三套数据与经营分析进行有效对接，对于提升经营分析质量有很大的帮助。

2. 指标体系

在经营分析框架中，指标体系就是房子的砖和瓦。那么，什么是指标呢？指标是一种衡量目标的单位或方法。当我们进行经营分析的时候，会围绕企业经营目标来设定一些衡量标准，通过这些衡量标准能够评价经营结果是否达到了所设定的目标，从而帮助我们进一步提升企业经营管理能力，这就是经营指标。

对于经营指标来说，美国的关键绩效指标权威专家戴维·帕门特（David Parmenter）将它进一步划分为"成果指标"和"绩效指标"。引入"成果指标"

的概念，是因为许多评价指标是几个团队输入成果的总和。这些指标在衡量各个团队共同的工作效果时很有用，但不能帮助管理层准确地定位和解决问题，管理层很难准确地查明哪个团队出了成绩，哪个团队未履行职责。而绩效指标能够解决这个问题，并能更加精准地定位问题。例如，一个没有进行多维度切分的利润指标就是典型的成果指标，并没有反映为利润作出贡献的各个团队的绩效情况。而在实践中，我们似乎很少进行这样的区分，往往笼统地使用关键绩效指标来进行指标体系的搭建。对于一个指标体系来说，可以引入"基础指标"和"衍生指标"的概念。基础指标是难以拆分和细分的指标，而衍生指标则是基础指标的运算组合。使用这样的概念，通过优先搭建和系统化基础指标体系，再扩展衍生指标体系，能够帮助我们快速地搭建一个复杂的指标体系。

此外，对于指标，通常会使用"指标树"的形态来进行展示。这也是构建指标之间逻辑的一种方式。我们还需要了解指标"名称""维度"及"值"的含义，这些在后面元数据的概念中再进一步解释。

3. 报表展示

当构建好经营分析的指标体系之后，就可以搭建房子的主体了，而要使这些指标对经营发生作用，仅仅盖个毛坯房是不够的，还需要进行精装修。这个装修的过程，我们可以理解为报表构建和展示的过程。好的装修要让业主住得舒服，好的报表展示要让管理者能够清晰、快速地抓住重点，发现问题和解决问题。

实际上，报表就是将各种指标的不同层级维度交叉组合起来进行应用的产物。因此，在搭建报表体系的时候，我们要先搞清楚业主，也就是经营管理者到底需要看到什么。在明确需求后，选取能够说明问题的指标，并匹配和管理对象相关的维度信息后进行组合展示。此外，在报表的指标组合中，我们还需要经常用到使用说明来解释指标，通过这样的方式搭建报表是靠谱的。很多不靠谱的经营分析报表，搭建的时候完全没有指标和维度的概念，也没有关注管理者的需求，这样出来的报表如果有充分的经验支持，可能还具有一定的价值，否则往往带来的则是信息垃圾。

有了报表以后，经营分析报告也就容易出具了。但必须注意的是，简单罗列报表的报告是初级水平的报告，能够看透数字的表象，深入数字背后分析深层次的问题，才是有附加价值的报告。

4. 维护机制

当我们把整个房子都收拾好了之后，还需要有一个靠谱的物业。经营分析这个房子的管理和维护并不是那么简单、容易的，无论是数据、指标的维护，还是报告的过程和归档管理，都需要有一套相对可靠的机制。

在通常情况下，企业会有经营分析部门，这个部门既有战略的味道，又有财务的意思。因此，在不同公司，这个部门的归属也并不相同，甚至还有不少发生过变迁。而在经营分析部门中，要建立起这样一套维护机制，首先需要有数据维护和管理团队来解决地基的问题，然后需要有指标管理团队来进行指标的日常增删改的维护，还需要有报表团队来进行常规报表和临时报表的编制及发布，最后需要有绩效管理团队来深入展开经营分析，并进行绩效的考核管理。在整个过程中，无论是组织、人员、流程、制度还是系统都是不可或缺的，这些共同构成了这套体系的维护机制。

当具备了以上这些条件后，经营分析框架就能够构建起来了。实际上，今天很多从事分析工作的朋友尚未在认知上构建起这一套框架体系，这会给提升经营分析和决策支持能力带来局限和束缚。下面我们还要在这套可以称之为既传统又主流的经营分析框架的基础上，进一步深挖经营分析的本质和未来，即元数据和大数据。

（二）元数据经营分析的本质

从定义上说，元数据可以理解为"数据的数据"。实际上，应用元数据的场景非常多，如图书馆的藏书信息卡、在线视频应用里的视频描述、网络中的网页地址等都可以用元数据来表达。元数据具有以下特点：

首先，元数据是结构化的。如何理解呢？其实在大数据时代，人们都非常热衷于谈论非结构化数据，但忽视了这些非结构化数据在技术层面是怎样被应用起来的。如我们容易理解的，一张图片是非结构化数据，但这张图片是可以被元数据这种结构化数据所描述的，这就给我们借助元数据来理解和应用非结构化数据提供了可能。

其次，元数据是与对象相关的数据。如以一张照片作为对象，那么描述这张照片的元数据与该照片具有相关性，但需要注意，潜在的用户不必先完整地认识对象的存在和特征，也就是说，可以使用盲人摸象的方式，借助元数据慢慢去了解对象。就像一张照片，我们可能第一次获得的元数据是Exif信息，即从摄影的角度获取这张照片的信息，进一步我们可以了解与这张照片内容相关的其他元数据，从而从另一个角度获取照片信息。

此外，元数据不仅能够对信息对象进行描述，还能够描述资源的使用环境、管理、加工、保存、使用等方面的信息。以照片为例，元数据可以告诉我们这是一张网络图片，存储在什么样的服务器上等信息。

最后，元数据常规定义中的"数据"是表示事物性质的符号，是进行各种统计、计算、科学研究、技术设计所依据的数值，或者说是数字化、公式化、代码化、图表化的信息。当然，我们也可以将文字理解为某种形式的编码数字。

经营分析和元数据是关键。

首先，我们可以看到，构成经营分析的地基是数据，而元数据作为数据的数据，能够用结构化的方法帮助我们描述和标准化基础数据。构建数据仓库过程中的数据字典，从某种意义上讲就是元数据。清晰的数据字典，能够让我们更加有效地管理数据仓库，而从经营分析管理需求的角度来说，我们希望所有进入经营分析体系的数据都能够使用元数据进行充分的结构化描述。

其次，在砖瓦的层次——指标体系上，元数据也发挥着重要作用。如我们前面所说的，指标的结果最终会反映在数值上，针对这个数值我们用指标名称、编码、指标的维度、维度值等对这个数值（数据）进行了描述，这种描述就是元数据。因此，我们认识到，指标体系是在经营分析层次中架构在基础数据之上的第二类重要的元数据。

最后，我们再回到经营分析的中心点——经营活动上。我们为什么要做经营分析呢？实际上是要对经营活动展开多种视角的评价，评价的标准是经营活动是否达到了我们在开展经营活动之初所设定的目标，而KPI正是我们多视角评价经营活动的结构化描述，也可以理解为经营活动评价的元数据。

（三）大数据与经营分析

在传统的经营分析模式下，我们需要找到用于评价经营活动的元数据，也就是指标体系与经营结果之间的关系。通常情况下，如果我们看到指标与经营结果具有显著的因果关系，那么就会把这样的指标考虑纳入关键绩效指标中来进行管理。但问题在于，这些指标的定义和发现往往是基于经营分析及因果分析所得到的，这种逻辑上的强绑定关系具有一定的局限性。

实际上，影响经营分析结果的不仅仅是存在显著的可见因果关系的因素，还存在相关但无法解释显著因果关系的因素，这在传统模式下是难以解决的。

大数据的出现，让我们有可能打破思维能力的约束。基于大数据技术，我们能够从因果关系突破到相关关系。通过大数据分析，我们能够发现一些没有显著因果关系的因素同样对经营活动产生了显著影响，这些因素被称之为"相关性因素"。将这些因素定义为关键绩效指标，能够帮助我们实现提升经营活动成果的目的。

指标用于评价经营活动，同时也有非因果关系的因素在影响这些指标，这又构成了第二层次的相关关系。我们发现原先所搭建的经营分析的元数据世界发生了延展，各个层级的元数据都有一些非因果关系，而相关的新元数据的出现，使我们能够更加真实地架构经营分析框架，从而有效指导经营活动的改善和调整。

当然，在技术层面上，财务人无须思考元数据和大数据该如何结合的问题，这样的烧脑问题还是交给工程师来解决吧！

三、大数据资源配置

在战略财务的框架下，全面预算管理一直是不容忽视的范畴，但其在企业经营管理中所发挥的作用却饱受争议。

（一）预算管理就是资源配置

预算实际上是一种对企业资源的配置方式。当股东设定了经营目标后，业务单位要达成这些经营目标就需要匹配相应的资源。如果从契约的角度来看，把预算作为一种契约，那么一方是企业的股东，另一方是企业的经营者。资源本质上属于股东，业务单位作为经营者向股东承诺经营目标，股东向经营单位承诺支持其实现经营目标所需要的资源。当然，当经营目标达成后，还有相应的绩效激励，这又是另一层次的契约关系。

因此，在企业进行预算管理的过程中，预算编制的核心是提出股东和经营单位都能够接受的资源配置方案，也就是在经营目标承诺和资源承诺上找到平衡。那么，预算要考虑哪些资源分配的问题呢？企业经营无外乎人、财、物三件事情，资源配置也可以理解为人力配置、财务配置和资产配置。合理地配置人力、财务及资产资源，是企业战略目标得以实现的重要保障。

（二）资源配置的难题

1. 契约双方的信任问题

和所有的契约关系相似，资源配置同样要解决资源所有者和资源使用者之间的信任问题。资源所有者追求的是资源投入产出结果的最大化。因此，在投入资源时会高度关注产出的结果，并要求获得资源接收方的绩效承诺。同样，对于资源使用者来说，也需要在承诺绩效目标后获得必要且及时到位的资源支持，避免在资源不足的情况下进行经营，最后为不良绩效结果担责。当然，对于资源所有者来说，最常见的还是担心经营单位存在道德风险，比如经营者是否会通过虚构经营目标或过度承诺以获取资源满足其短期利益目标等。

2. 资源配置的标准问题

应该采用怎样的标准来进行资源配置呢？在实际的预算过程中，资源配置标准的形成并不容易，太多的因素会挑战所设定的标准。而一旦无法形成相对清晰的标准，资源配置的过程往往就会成为一个谈判的过程，很容易陷入缺少逻辑的拉锯战中。简单的标准可以根据承诺（目标），基于比例模型直接给出资源承诺；复杂的标准则需要明确经营目标达成的各项驱动因素，并为每项因素细分动因，最终从经营计划的角度来设立资源配置标准。

3. 资源配置的效率问题

资源配置的效率一直是企业预算管理活动中很头疼的一件事情。在预算的全过程中存在太多的博弈。很多公司从9、10月份开始启动预算编制工作，直到第二年的3、4月份才能完成预算的定稿。在月度的资源配置活动中，如果缺乏高效的系统支持，很多公司根本难以做到精细化的月度资源配置管理。在这种情况下，月度预算往往成为年度预算下简单的"按月分解"。

4. 资源配置的效果检验问题

当完成资源配置后，就会从讨价还价的博弈循环进入承诺兑现的博弈循环。在这个过程中，对于管理者来说，最困难的是如何验证资源投放的效果和达成情况。尽管我们说最终的经营绩效指标能够反映出经营单位的绩效达成情况，但在过程中基于任务、项目等设立的资源配置标准往往很难立刻通过财务或数字验证其实现的效果，而此时又经常需要启动基于此次项目任务进一步延展的后续资源投入，这对管理者来说需要面对是否去进行"前款未清，借后款"的管理决策。

（三）大数据资源配置：抓热点，抓相关性

在契约双方的信任关系方面，一些公司试图通过签订绩效承诺书来保障契约关系；在资源配置标准方面，一些公司通过设定模型的方法来总结提炼预算标准；在资源配置效率方面，一些公司通过建立预算编制系统来优化编制流程；在效果检验方面，一些公司选择刚性的"以收定支"。但我们也不得不认识到，在传统方式下对资源配置管理的优化终将达到瓶颈。要实现突破，需要找到新的契机，而大数据恰恰在这一方面带来了新的机会。

1. 热点驱动资源投放

所谓的热点驱动就是在保持经营目标相关性的前提下，哪里吸引眼球，哪里有热度，哪里需要资源，我们就将资源投放在哪里。但在传统财务模式下要做到这一点是非常困难的，如果仅仅凭借我们对市场的经验感知是很难在经营活动中进行管理决策的，而大数据技术为解决这一问题提供了新的可能。

第一，制定经营战略。首先，和传统的预算编制模式一致，在编制预算之前，必须明确企业的战略导向，这从根本上决定了要不要投放资源、在哪里投放资源和怎么投放资源。当然，在这个层面上，战略很可能是相对宏观的，它更多的是未来一段时间内大的经营方向和经营策略，我们无法直接基于公司的战略来展开更为清晰的预算，也就是资源配置工作。

第二，分析战略热点。如果要想更好地衔接战略与资源配置，就必须更清晰和细化地拆解战略，也就是形成战略热点。当然，这里所说的热点和后面要谈到的基于大数据分析的热点是有所不同的，还需要依靠企业的管理经营者对企业所设定的战略目标进行细分，从管理逻辑层面定位战略在落地时需要重点关注的目标。例如，企业将智能化发展作为核心战略时，需要在技术、产品、客户、渠道等多个方面来发现其战略热点，如在产品方面定位为无人驾驶技术，在客户方面定位为女性出行者，在渠道方面定位为自营门店等，这些热点将为后续的资源配置起到一个大方向的支撑作用。

第三，基于大数据发现经营热点。在有了战略热点后，我们仍无法有效地从管理角度进行资源配置。实际上，经营单元在战略热点明确后，就已经对需要做什么、大概需要多少资源有了一个初步的概念。很多时候，经营者就会基于这样的一个概念开始和管理层讲故事了。在传统模式下，我们通常对这样的故事只能选择"信"或"不信"。当然，如果故事中间的逻辑线索相对清晰，可能更容易获得管理者的信任，并获得资源，而如果在这个时候引入大数据分析，则可能会对传统的资源配置模式有所改变。

在被动模型下，需要经营单元基于战略热点进行经营热点的主动设计，模型要做的事情是基于企业内外部大数据，对经营热点与战略热点的关联热度进行分析。在主动模型下，以战略热点为出发点，基于内外部大数据，发现与战略热点分层次的关联市场热点，将关联度高的市场热点纳入经营热点中，也作为资源配置的对象。

第四，基于经营热点进行资源投放。通过这样主动与被动的热点分析，我们能够建立起以战略热点为圆心的经营热点辐射地图，并以这个地图的辐射半径为标尺展开资源配置，接近圆心的经营热点需要投放更多的资源。在具体确定资源投放额时，我们可以以战略热点构建资源池，将资源首先投放到战略热点资源池中；以经营热点为项目，向战略资源池申请资源。在资源申请的审批过程中，我们可以引入热度评估，优先将资源投放到高热度的项目中，从而避免发生先到先得、抢资源的情况。

第五，资源的兑现使用。所谓资源兑现，就是契约双方基于预算事项实际发生的费用。在实践中有两种兑现方式：一种是把钱先花出去，目标是否达成后续验证；另一种是用之前的存量资源先把事情干了，根据目标的达成情况再批准可以获得多少可用资源干后面的事情。实际上，这两种方式都存在一定的问题。前者建立在管理者对执行者信任的基础上，而一旦承诺的经营目标没有达成，就会损害管理者的利益；后者的根本逻辑是管理者并不信任执行者，要求其先拿自己的银子干事情，事情干成了再回来报账，这种方式对于执行者来说也并不公平。当我们引入经营热点作为资源投放依据后，信任问题得到了一定的缓解，使用第一种方式进行资源兑现就会更可行且合理。

2. 资源投向和业绩达成的相关性分析

大数据除了在预算编制阶段能够发挥重要作用，在预算分析阶段也能够有所建树。在传统预算分析下，我们很难去评价项目经营计划、经营方案和经营结果之间的达成关系。在通常情况下，对于一个经营单元，如果它的业绩不错，超出了预先设定的考核目标，大家就会觉得它花的所有费用都是值得的；反之，如果考核目标没有达成，那么它花的所有费用可能都会受到质疑。

但实际情况是，所用掉的资源有些对实现经营目标起到了积极作用，有些则产生了负面作用。无论最后考核结果如何，这种正负面作用都是存在的，只是说谁的力量更大一些罢了。

当引入大数据来辅助预算分析后，情况可能有所改观。通过构建模型，我们可以试图建立每一个能够项目化的资源投入与经营结果之间的量化关联度指数。要做到这一点，并不是简单地做一个数学模型，而是需要将所有项目进行元数据化，同时把经营结果也元数据化，并建立起项目元数据与经营结果元数据之间的关系网络。我们需要监控这个关系网络中每一个项目发生资源投入时，通过元数据关系网络链接的经营结果发生变化的强度，并最终将这些变化强度归纳为关联度指数。

有了这样一套关联度指数，我们就能够精确评价资源投放的效果了。在这种情况下，我们能够更好地积累经验，更加有效地评价绩效，并优化未来的资源投放策略。当然，以上关于大数据在资源配置方面的应用还停留在设想阶段，有待实践进一步验证。但无论如何，大数据时代的资源配置是有可能迈出这一步的，只是时机和力度的问题。

第二节 专业财务创新

一、专业财务框架详解及智能增强

专业财务可以说是财务框架几个模块中最成熟的部分，是企业财务管理的基础。也就是说，没有战略财务、业务财务和共享服务都是可以的，但如果没有专业财务将会导致整个财务体系无法运转。当然，专业财务的发展仍有很大的提升空间。

下面我们遵循和战略财务框架同样的逻辑，先对框架内容展开详细的解释，然后再对每个模块如何进行智能增强进行探讨和说明。

（一）会计与报告管理

1. 框架详解

会计与报告管理框架详解，如表 5-2-1 所示。

表 5-2-1 会计与报告管理框架详解

项目	说明
会计交易处理及相关流程	这是会计的基本职能，能够基于准则要求完成会计交易的核算处理，也就是通常所说的会计核算。对于会计与报告模块来说，更多的是要对会计交易处理设置相关的制度规范，而更为广义和具体的交易处理流程则可以由财务共享服务中心来协同完成

续表

项目	说明
往来管理、关联交易管理	能够对企业内部往来及企业关联交易实施有效的管理。实现往来交易在具体流程中及时、可靠的双向记录，同时及时进行往来清理，发现风险并及时处理和解决；关联交易则需在法人层面建立双边有效的交易记录机制和核对机制。同时，在复杂的集团中，还需要进行关联交易单位的信息管理，辅助业务单位识别交易对手是否为关联交易对象
会计报告与合并	能够有效地编制和报送各级核算单位的会计报表，高效完成合并报表处理，基于单体会计报表及合并报表出具会计报告。建立有序的会计报告与合并的过程管理，持续提升合并报告编制效率
会计核算相关系统	能够建立可靠且高性能的会计核算信息系统以支持交易记录、报表编制及会计报表合并等会计工作。应关注原始交易信息与业务交易记录、明细会计交易记录、汇总会计交易记录记载的一致性。对于关联交易复杂的企业集团，可以考虑构建关联交易系统
信息披露	信息披露主要是指公众公司以招股说明书、上市公告书、定期报告和临时报告等形式，把公司及与公司相关的信息向投资者和社会公众公开披露的行为。信息披露需关注披露质量、披露时效等问题。在通常情况下，信息披露由董事会办公室负责，但财务在其中也起着重要的支持和协同作用
审计流程及管理	能够规范地选择审计师，与审计师共同建立高效的审计流程，协同公司各级财务部门、财务共享服务中心参与审计配合工作，持续提升审计效率，优化审计周期

2. 智能增强

会计与报告在传统的会计电算化、财务信息化过程中一直是重要的建设领域。在早期，财务的各项信息化工作也都是从这个领域开展的。但是由于多数企业在一开始就建立了核算系统，而且成为后续建设的各类财务系统的对接对象，会计核算系统往往在建成后很长时间难以发生质变，这不仅是个体企业的情况，也是整个行业的情况。

智能时代的到来，对各类财务信息系统都提出了改变的要求，同样对会计与报告管理领域有影响，给这个传统领域的信息化提升带来了契机。

首先，业财系统的高度集成对会计交易处理的自动化和一致性带来重要帮助，但是不同的业务系统分别进行会计规则的转换会带来较大的管理复杂性。统一会计引擎的出现，能够帮助我们将会计规则的转换架构在一套灵活、可配置的系统组件之上。不同业务系统的输入可以基于统一平台，完成规则转换和凭证制证，进一步提升会计交易处理的可靠性。

其次，基于机器学习技术，能够考虑实现智能报告。将会计报告交给人工智能来处理并非不可能，现在的人工智能写出的市场研究报告，已经让人难以区分背后是资深研究员还是机器。基于相对结构化的报告范式，再加上人工智能基于市场反应的润色学习，智能报告或许对股价的提升越来越有帮助。而区块链技术基于分布式账簿所带来的可靠性，能够帮助我们解决传统业财对接模式下的业务交易记录与会计记录不一致的问题。同时，对于内部往来和关联交易，区块链技术同样能够发挥作用。

基于各交易方所构建的分布式账簿，能够在交易各方实现记载，降低其被篡改的可能性，这对解决内部往来和关联交易的核对、加强一致性有着重要作用。

（二）税务管理

1. 框架详解

税务管理框架详解，如表 5-2-2 所示。

表 5-2-2 税务管理框架详解

项目	说明
税务政策研究	能够及时地跟进税务政策的动态，清晰准确地解读政策，并根据税务政策的变化及时在企业内部作出相应的政策反应。针对潜在的税务政策风险，能够及早进行监管沟通和防范处理
税务关系管理	能够与税务监管部门建立有效的沟通和对话机制，在合法、合规的基础上，与税务部门维持良好的关系，并在发生企业重大涉税事项后，能够获得相对公平的沟通和协商机会
税务检查配合与风险防范	能够在合理尺度下有效配合税务部门的各项检查，及时汇总各级机构的检查动态，做好检查前的准备工作，积极进行自我税务风险排查，实现税务风险的事先管理
税务数据管理	能够有效管理企业中的各类系统化及非系统化的税务数据，建立清晰的数据管理体系，并充分利用税务数据展开各种税务分析。对税务数据的有效利用能够帮助企业优化税务成本，提前发现和管控税务风险
税务系统管理	能够实现税务系统覆盖的全面性，如增值税、所得税、印花税等；功能的全面性，应涵盖所得税纳税调整、税务报表编制、预缴申报、折旧摊销、资产损失处理、境外所得税抵免管理等功能；管理的全面性，如能够支持税务分析、税务风险管理、税费预测、税务检查支持、税务政策管理等需求；接口的全面性，如能够打通企业内部系统之间的接口，实现和监管系统的对接；行业应用的全面性，能够适配不同行业的特殊的管理需求
营改增及电子发票/特定时期的特殊事项	针对特定时期发生的税务管理的特殊事项，能够及时、有效地应对，如过去的营改增以及现行的电子发票政策等，这些都给税务管理带来了重大的影响，企业应该提前设计方案，升级系统，以适应各项变化。

2. 智能增强

对于税务管理的智能化支持来说，监管单位——税务部门更早地采取了行动，"金税三期""千户计划"的背后都是大数据的影子。对于税务部门来说，其数据具有先天的不对称优势，使其有条件先于企业展开税务的大数据应用。而基于企业间的数据分析，也使税务稽查能力得到了大幅提升。在大数据应用上，税务部门也在试图从其可控的税务数据以外获得更为广泛的社会数据，并应用在税务监管中。

对于企业来说，需要借鉴监管部门的管理思路，基于企业自身的数据，以及可获取的社会化数据，在一定程度内对企业内部应用大数据开展税务风险的预先排查。当然，受到数据基础的限制，企业与监管部门相比可能会有所不足。实际上，与监管部门之间发票数据的对接、电子发票的应用，对于提升企业内部基于流程的报账处理、操作风险管理都可能更具价值。例如，增值税专用发票及普通发票数据的对接能够帮助企业简化发票真伪查验、发票认证的流程，对电子发票的应用能够大大降低企业的开票成本，也方便了进项报销的处理。

（三）资金管理

1. 框架详解

资金管理框架详解，如表5-2-3所示。

表5-2-3　资金管理框架详解

项目	说明
资金收付管理	能够实现高效且安全的资金收付管理，有效支持资金的收支交易处理、交易后的核算处理、收支失败等异常管理；进行准确的资金收支相关的业财、银企核对；有效控制重复支付等资金支付风险；支持多种形态的资金收支，如银行通道、第三方收付通道等
资金计划管理	能够及时且可靠地预测资金计划，基于资金计划有效地进行头寸管理和资金调度处理。在有条件的情况下可进行滚动资金计划预测。能够对资金计划的申请、调整等过程管理提供支持
债券融资管理	基于发行债券的方式实现直接融资。财务应当能够统筹债券融资的管理过程，与券商进行融资意向沟通、发行准备、审核并上市。能够配合债券融资进行有效的风险评级规划和事前管理

续表

项目	说明
股权融资管理	股权融资是指企业的股东愿意让出部分企业所有权，通过企业增资引进新的股东的融资方式，总股本同时增加。财务能够进行股权融资的沟通、准备、审核配合及发行管理
混合融资管理	混合型融资方式是指既带有权益融资特征又带有债务特征的特殊融资方式，如可转债、认股权证等。财务能够进行混合融资的沟通、准备、审核配合及发行管理
司库管理	司库从大的类别上包括交易管理、资产负债管理和流动性管理、风险管理三个支柱。司库职能在一定层面与其他资金管理职能存在交集
外汇管理	能够有效地管理外汇账户、外汇境外及跨境收支、外汇头寸，把控外汇风险，有效应对外汇监管
银行关系管理	能够有效管理与银行间的关系，与合作银行形成良性协作机制。基于良好的合作关系，企业能够以最具竞争力的价格获取优质的信贷和非信贷服务。能够有效选择合适的合作银行，以专业化的态度进行关系管理
资金系统管理	能够构建完善的资金管理系统，覆盖资金收支管理、账户管理、票据管理、银企对账、风险管理、流动性管理和资金计划管理等一系列功能。资金系统应当实现高度的安全性
流动性管理	流动性风险管理是指应避免在某一特定的时期业务中产生的资金流量缺口风险。需要及时考虑自身财务状况恶化时，被交易对手要求提前终止安排或提高信用安排时所需要的融资来源。对于金融企业来说，流动性风险管理尤为重要，但是对于其他行业，从现金流风险的角度来说也是需要重点关注的
投资管理	基于企业资金进行有效的投资，如直接投资、证券投资、项目投资等。企业财务应能够进行投资规划，管理投资收益，控制投资风险

2. 智能增强

对于资金管理来说，智能化的影响主要体现在对资金交易的安全性和核对一致性、跨境外汇交易效率的提升及成本降低，以及对资金计划、流动性风险管理预测等能力的提升方面。

首先，对资金管理影响比较重要的智能技术是区块链技术。基于去中心化的分布式账簿，能够构建起企业集团级的区块链清结算平台。基于区块链原理的交易记账，能够有效提升资金交易的安全性和效率，并能够解决资金清结算中的交易核对和一致性问题。在一国社会范围内的区块链金融的发展，能够更好地提升企业间、企业与金融机构间、金融机构间的资金交易的安全性和效率。当然，在实践中，我国基于互联网、移动互联技术的资金交易模式的痛点并不显著，更有价值的应用体现在跨境交易上，对跨境交易的时效性长、成本高、依赖性强的痛点的解决能够让区块链技术体现出更大的价值。

其次，大数据技术的应用，能够帮助我们更好地展开资金计划管理。企业通过自身数据的积累，以及对企业构成资金需求影响的风险数据的监控，能够更为弹性地展开资金计划预测，并实现资金计划的动态滚动预测。同时，大数据能够借助对风险"加速度"的发现和监控，在更早的阶段发现流动性风险、资金安全风险等，帮助企业更好地展开资金风险管理。

（四）管理会计

1. 框架详解

管理会计框架详解，如表 5-2-4 所示

表 5-2-4　管理会计框架详解

项目	具体内容
维度体系搭建	能够搭建管理会计分析所需要的维度体系，建立维度层次，清晰地定义各维度的维度值。维度体系应当能够有效承接经营分析的需求，与会计核算、全面预算的维度体系在一定层次上保持一致性

续表

项目	具体内容
收入分成管理	能够有效地将业务收入按不同的维度和维度层次进行分成。在通常情况下，可以优先考虑基于业务交易的源数据，将销售合同直接进行多维度底层维度值的指认，对于无法直接指认到底层维度的收入，需要建立相应的收入分成规则，并能够及时完成相关的收入分成数据处理
成本分摊	能够将公共成本按逻辑清晰或协商一致的规则，向各维度、各层次进行分摊。能够针对不同的业务特点选择相匹配的成本分摊方法，有效地进行成本动因分摊路径设计及管理。能够就成本分摊规则与关联部门展开充分沟通，使得分摊结果更易获得认可和应用
多维度盈利分析	基于多维度的收入分成及成本分摊的结果，展开多维度的成本和盈利性分析。能够基于单个维度或组合维度的信息展开分析，并为管理决策提供有用支持
作业成本管理	能够针对可行的业务场景，如生产作业或运营作业，基于作业成本法或估时作业成本法进行成本分析。基于作业成本法，追踪并动态反映企业的所有作业活动，进行成本链分析，包括动因分析、作业分析等；指导企业有效地执行必要的作业，消除和精简不能创造价值的作业，从而达到降低成本、提高效率的目的
资金转移定价（FTP）管理	资金转移定价是企业资金池与业务经营单位按照一定规则全额有偿转移资金，达到核算业务资金成本或收益等目的的一种内部经营管理模式。这种模式在商业银行的应用较为普遍，在部分有类资金池业务的金融企业中也有应用。相关企业财务应当能够建立资金转移定价的相关业务规则，基于系统完成交易定价的处理和跟踪，能够基于经营战略导向对定价进行及时、动态的调整

2. 智能增强

管理会计的应用十分依赖信息系统的建设情况。在通常情况下，管理会计需要处理相对大量的数据，如缺少信息系统的支持，就很难实现日常的机制化运转。但在传统模式下，管理会计支持系统的运算性能存在瓶颈，在性能难以支持的情况下，需要通过简化业务逻辑的方式来满足性能的要求。

实际上，从多维数据库的出现开始，管理会计的性能已经得到了很大改善。

在传统模式下，关系数据库严格按照范式设计，通过多次表链接实现查询，对于大数据量的处理，非常费时，并且性能较差，开发周期长，成本高。多维数据库则以事实表为核心，由多个维度组合而成，结构简单，容易理解，开发相对容易，同时也导致出现很多冗余，多维数据库属于使用空间换取时间的解决方式。

随着智能化的到来，管理会计将更多地从技术性能方面获益。针对管理会计最大的痛点——运算性能不足，在物理架构、硬件等方面的技术进步能够使这些问题有所缓解。基于云计算架构搭建的多维数据库，或者直接使用内存数据库来进行相关的管会数据处理都有优化数据性能的机会。

（五）财务风险管理

1. 框架详解

财务风险管理框架详解，如表5-2-5所示。

表 5-2-5　财务风险管理框架详解

项目	说明
财务操作风险管理	能够有效管理财务作业流程中所涉及的各类潜在财务操作风险，建立起操作风险管理的组织、流程、机制。能够深入业务流程，明确流程中的风险点、监控方式、防范机制，明确责任人，最终达到降低财务操作风险事件发生概率的效果
财务风险意识及管理文化建设	在企业中能够有效地对操作风险管理加强文化建设和宣导，推动财务流程中的各方参与者形成操作风险意识，实现操作风险的事前防范和主动防范
RCSA（风险控制与自我评价）工具的财务应用	能够应用风险控制与自我评价工具辅助进行财务操作风险管理，借助工具展开基于流程的风险点的识别和控制方法的定义，并借助工具展开风险自评等管理活动。能够对RCSA工具进行及时、有效的日常维护，以保持工具的可用性

续表

项目	说明
KRI（关键风险指标）体系的财务领域搭建	能够针对财务操作风险定义关键风险指标，关键风险指标应当覆盖人员、流程、系统、运营等多个不同的维度，基于风险指标，实现对日常财务操作风险的事前发现和预警，防患于未然
重大风险事件监控	能够建立起重大风险事件发生后的信息传递机制，风险管理团队应当及时获知重大风险事件的发生和详情，第一时间跟踪责任人，并及时推动建立后续整改方案，防范二次风险

2. 智能增强

通过智能技术，能够从事前、事中、事后三个层次防范财务操作风险。

从事前防范角度来看，在传统模式下，我们所构建的 KRI 体系是基于经验和分析的，但这种构建方式可能存在认知缺陷。基于财务业务流程中大量的交易，以及现有模式对于风险事件的发现，能够通过机器学习方法发现新的 KRI 规则，从而补充和完善现有的 KRI 体系，加强对事前风险的防范能力。

从事中控制角度来看，基于经验的规则系统化，能够实现初级人工智能的应用，通过大量规则，能够发现财务交易中的潜在风险事件，并能够对一些风险事件进行直接拦截。此外，基于数据积累，能够对每一笔单据进行风险分级，针对不同的风险等级配置不同的控制流程，从而提升风险管控能力。同样，基于经验的规则积累，能够借助机器学习技术进行持续的训练优化，持续提升风险控制能力。基于企业内外部大数据的积累和挖掘，能够建立更丰富的单据风险分级规则模型，使单据的风险分级更准确。

从事后分析角度来看，能够建立起不同类型的分析模型以发现风险线索，如基于决策树的模型、社交网络的模型、聚类分析的模型等。这些模型的构建，能够帮助我们在事后开展操作风险审计和发现问题，通过跨交易单据的分析，发现更为广泛的风险线索，并基于风险线索进一步发现和解决问题。同样，大数据和机器学习有助于我们持续完善各种分析模型的规则，从而提升风险线索发现的精准度。

二、智能风控

对于专业财务来说，业务人员舞弊和渗漏风险管理一直是重中之重。然而，在传统的财务管理模式下，想要做到这一点在客观上存在较大难度。一方面，渗漏和发现渗漏就如同一场猫捉老鼠的游戏，总是不得不面对财务与业务的各种博弈升级；另一方面，要想做好这件事情，财务在反渗漏的斗争中不得不消耗大量的人力和精力。好在随着智能时代的到来，在财务反渗漏这件事情上有了新的转机。依托智能技术，我们有可能在与渗漏行为的博弈中占据更加主动的位置，同时能够让算力从一定程度上替代人力，智能风控让我们能更容易地抓住财务渗漏的尾巴。

（一）财务渗漏

对于财务来说，在面对风险时有两种典型的情况。

一种情况是在复杂的财务流程中存在大量的财务运营工作，这些工作本身容易发生因为工作疏忽或者技能熟练度不足所导致的各种各样的差错。对于这些差错来说，我们并不把它们理解为一种渗漏行为，而更多地定位为财务的质量问题。

另一种情况是这里要说的财务渗漏，也可以理解为公司员工出现道德问题，从而发生的舞弊欺诈事件，这些事件会直接或间接地造成公司的财务损失。由于这种行为往往隐藏在大量的常规业务中，如员工的费用报销、零星采购等，如同一个容器出现了破损，漏下了沙子，故被称之为财务渗漏行为。对于财务渗漏来说，最典型的关键词是"虚构"，那么我们会面临哪些虚构事项呢？

1. 虚构经济事实

这种情况是财务渗漏事件中性质最恶劣的，可以用"无中生有"来形容。涉案者往往是在没有任何真实业务支撑的情况下，凭空捏造一个经济事实。做得比较高明的，往往还会编造一套看起来相对靠谱的逻辑证据链，通过这样的虚构从公司套取资金。当然，套取资金后，某些有良心的人会用这些资金形成小金库，用于特殊用途或员工的补充福利，而另一些人则直接装入自己的腰包。

2. 虚构原始凭证

相对于完全虚构事实，虚构原始凭证的情况要稍微好些。有些时候，确实是发生了实际的费用支出,并且员工也自行垫付了资金,但由于发票遗失或者忘记事前审批等其他情况,能够支持其正常报销的原始凭证缺失,这个时候为了完成报销,员工有可能虚构原始凭证,比如购买发票、伪造审批签报等。尽管从动机上讲,虚构原始凭证比完全虚构经济事实少了那么一点儿恶劣性,但仍然是我们所认为的财务渗漏行为。

3. 虚构业务金额

还存在一些混搭性质的情况,并且也比较隐蔽,我们姑且称之为虚构业务金额。这种情况往往会存在一个基础的经济事实,也就是说确实有经济开支发生了。比如,员工确实出差了,但是在实际报销的时候员工把住宿金额放大,将住了5天改成10天,把每天500元变成每天1000元,这样在一件存在事实基础的事情上虚构了业务金额。这种混搭式的行为也是我们理解的财务渗漏行为。

(二)进化中的财务渗漏

我们把渗漏的发展分为基础进化、惯性进化、关联进化和突变进化四个阶段。

1. 基础进化阶段

在财务渗漏的最原始阶段,业务人员的渗漏行为往往是偶然的。比如,在一次报销中错误地填写了信息,而财务人员并没有发现,这种偶发的渗漏行为就如同取款时取款机吐出了一堆并不属于我们的钞票,然后我们把这些钞票放进了自己的腰包。这个阶段我们可以称为财务渗漏的基础进化阶段。

2. 惯性进化阶段

当给了可以犯错误的机会后,总有一些人会把这种偶然行为转化为一种惯性行为。有少部分人会尝试利用财务控制中的一些漏洞习惯性地占一些小便宜,甚至慢慢演变成主观故意的恶劣欺诈行为,但这种行为还是被控制在了个体单位内。这个阶段我们不妨称为财务渗漏的惯性进化阶段。

3. 关联进化阶段

再往后,贪婪是很容易被放大的,由于个体渗漏的成功率是建立在后续控制环节失效的基础上的,很多时候并不那么容易成功。把最重要的控制环节——主管领导,纳入自己的渗漏计划里往往能够迅速获得更多的成功机会。由于业务真实性的控制已经失效，只要后续能够伪造证据，就很容易完成渗漏。这种现象放大了渗漏的频率，我们不妨称这个阶段为财务渗漏的关联进化阶段。

4. 突变进化阶段

关联进化阶段的渗漏还是有一定的限制的，毕竟要想获取各种支持证据并不容易，虽然渗漏频率增加了，但尚未造成金额的放大。但如同生物的进化，总有一些个体会发生基因突变，形成具有显著差异的物种。在渗漏的进化之路上，有那么一些不满足于当前阶段的渗漏者扩大了他们的小圈子，通过将支持财务开支的证据链条上更多的环节纳入渗漏俱乐部，实现了端到端的渗漏能力，不求高频，只求金额大。我们将这个阶段称为财务渗漏的突变进化阶段。

（三）财务反渗漏的进化与面对的难题

1. 数据分析的资源有限

不得不承认，靠财务人用 Excel 或者简单的 BI 工具确实能解决不少问题，但是面对报销这样的海量高频数据时，这些数据分析资源还是远远不够的。由于反渗漏的数据分析是一种线索发现的分析，和常规的数据报表是不一样的，这要求我们通过大量的数据、大量的分析尝试来发现线索。对于财务人来说，进行一两次专项分析问题不大，但要是把这件事情变成常规工作，估计很多财务人撞墙的心思都有了，这哪里还是"高大上"的反渗漏数据分析师，整个就是一个"数据码农"。

2. 复杂逻辑难以设计

在进行财务反渗漏的过程中，依靠逻辑来发现线索本身就是一件很困难的事情。实际上，逻辑的设计类似于数据建模的过程，要想有效地发现复杂渗漏的线索，模型就必须构建得足够复杂。然而，人脑处理逻辑的复杂性是有限制的，当逻辑层次超出了人们的理解范围后，就很难再依靠人的认知能力来进行逻辑分析发现渗漏线索了。因此，如何突破人的逻辑局限，找到不易发现的隐藏逻辑或复杂逻辑，成为财务人反渗漏的重要挑战之一。

3. 关联渗漏无能为力

在反渗漏的战斗中，财务人最无能为力的场景就是面对关联渗漏。所谓的关联渗漏是指渗漏的行为被分散在不同的单据、时间甚至不同的子公司中。在这种情况下，财务人的分析发现能力很难跨越单据、时间和公司这些天然的屏障，这也成为很多渗漏者的乐园。

不难看到，财务在反渗漏的进化中是迟滞于渗漏进化的，特别是在过去很长一段时间内，技术手段无法突破成为最大的挑战。值得庆幸的是，在智能时代，这一状况有望改变。

（四）反渗漏技术的智能进化

智能时代的到来，让我们面对亟待进化的反渗漏局面时找到了突破的转机。大数据与机器学习技术的发展，让财务有机会在反渗漏的场景中尝试应用这些新技术。下面我们一起来看看基于规则模型与监督学习模型、非监督学习模型、SAN社会网络三种形式的智能风控所带来的反渗漏升级。

1. 基于规则模型与监督学习模型的智能风控

事实上，基于规则的反渗漏与我们在上文中所谈到的基于数据和逻辑的反渗漏的思路是一致的。核心差别在于能够用信息系统来运行复杂的规则模型，而不是靠人进行分析。当然，你可能会说，现在就能够把规则植入系统中，和智能技术有什么关系？

说得没错，很多人会陷入一个误区，认为人工智能到来了，要用复杂的思维去取代简单的规则处理。实际上，正确的做法是尽最大的可能在应用人工智能技术之前采用规则处理，基于规则的系统处理的成本更低并且高效。但是，在当前的技术条件下，采用规则处理有两个难点，一个是支持规则处理的数据不足，另一个是规则本身的设计困难且复杂。

智能技术的出现，恰巧在这两个方面提供了支持。大数据技术的出现，让我们能够管理更庞杂的非结构化数据。这些越来越大的数据让我们有机会应用更复杂的规则模型来发现渗漏线索。比如在今天，我们可以使用OCR、众包等多种形式获得大量与经济事项相关的数据进行管理，也可以从社会网络中获取与供应商、员工相关的大量信息来发现潜在的渗漏线索。另外，机器学习中的监督学习模型能够帮助我们将大量人工审核方法转化为机器规则，从而实现自动化的规则反渗漏审核。在基于监督学习的机器学习模式下，我们可以将长期以来基于人工反渗漏作业的单据作为学习训练的基础，通过对单据的特征进行数据化，并对这些单据是否存在渗漏情况打上标签。监督学习模型能够利用大量具备特征和标签的训练题进一步提炼规则。这些新的规则植入系统后，作用于新发生的业务单据，分析其是否存在渗漏的可能，这将有助于解决"规则建立困难"的问题。

2. 基于非监督学习模型的智能风控

另一种帮助我们找到渗漏线索的方法是利用机器学习中的非监督学习。从某种意义上讲，非监督学习可以理解为机器对大量数据进行自主聚类分析的过程。机器系统并不关心数据本身的含义，它将数据按照特征的相似性进行分类。在这种情况下，我们不难想象，对于大多数"正常"的单据来说，它们会具有相似性，能够被非监督学习模型归集到非常相似的大圈圈里；而那些可能存在渗漏行为的"不正常"单据，则有可能出现在特定区域的小圈圈中。通过这样的可视化分析，能够帮助我们进一步将渗漏调查的对象聚焦在这些另类的小群体单据中。

"非我族类，其心必异。"正是基于这种思维导向，非监督学习在技术上的支持，让我们有可能突破数据和逻辑分析的局限，找到在传统模式下看不到的渗漏风险。

3. 基于SNA社会网络的智能风控

正如上文中所说的，人的思维能力很难发现跨越时间和空间的关联性。在大数据技术的支持下，通过构建社会网络的方式来发现渗漏风险，这成为解决关联渗漏的创新思路。

社会网络是指利用企业内部财务相关经济事项的各个关联主体之间的相互关系构建的一个关系网络。在这个网络中，有公司的员工、员工的审批领导、供应商、供应商的股东、供应商与公司内的其他关联人等。通过筛查社会网络中可能发生渗漏行为的主体规律特征来识别利用传统反渗漏技术难以发现的渗漏行为。在社会网络模型中，集成了筛选、统计、时间还原、风险节点关系分析、可视化关联分析等模型，能够更加快捷、有效地帮助财务反渗漏分析师发现潜在的渗漏风险。

在实际应用中，我们可以以报销单据为核心向外扩展，通过员工、审批人、供应商等多个要素之间的关联关系，跨越空间和时间构建起网络。在这个网络中，我们试图寻找所谓的"黑节点"。"黑节点"是指通过其他技术方式发现的有问题的单据、人或供应商。一旦出现了"黑节点",我们就有理由怀疑在这个网络中存在其他的"被污染节点"。这种从网络和"黑节点"视角出发的渗漏发现方法往往能够以点带面地发现问题,并且将深度隐藏在空间和时间掩体后的渗漏行为挖掘出来。

在实际构建 SNA 社会网络模型的时候,通常需要经过节点确定和数据提取、节点数据清洗、关联关系匹配、生产网络等步骤。在这个过程中应尽量减少数据不足、垃圾数据过多、数据冗余等问题对网络质量的影响。反渗漏技术即将进入智能风控时代,这让我们在面对高度进化的渗透势力时有了一战之力。财务人应该拿起智能风控的武器,来赢得战斗的胜利。

第三节 业务财务创新

一、业务财务框架详解及智能增强

业务财务的提出为国内财务管理水平的提升注入了强大的活力,也是传统财务向新型财务转变的重要一步。业务财务的核心理念是希望财务队伍能够从自己的专业领域走出去,成为业务部门的合作伙伴,能够站在业务的视角及业务与财务专业的交集区域,开展财务管理活动。

但是长期以来,业务财务的概念并没有相对标准的细分定义,导致每个公司对这个概念的理解或多或少都有一些差异,从而在实务中对于如何设置业务财务队伍、如何发挥这支队伍的价值等都产生了一定的困扰。下面我们从业务财务的不同角度来解析,看看业务财务在不同领域都可以做些什么,以及在智能时代能够获得怎样的技术支持。

(一)产品财务管理

1. 框架详解

产品财务管理框架详解,如表 5-3-1 所示。

表 5-3-1　产品财务管理框架详解

项目	说明
产品研发财务管理	能够针对各个重要的产品线，组建研发财务管理队伍。能够在产品研发的过程中对研发成本进行深入的管理，从财务视角对研发效能的提升，研发过程中的物料、费用、人力等成本的精细化管理进行积极主动的管理干预
产品周转管理	能够从产品全生命周期视角，提供对产品周转情况的财务分析和主动管理支持。能够基于产品维度，对材料采购、库存、应收管理等全过程展开产品周转管理
产品质量成本管理	能够推动产品线建立质量成本管理和评价体系，提高质量成本管理的意识。能够从产品预防成本、鉴别成本、内部故障成本、外部故障成本等方面，展开主动的质量成本分析和管理动作。能够协同专业财务职能，建立质量成本核算体系。能够在事前展开质量成本规划评价，事中进行质量成本管理控制，事后进行质量成本在不同细分产品中的评价分析，并在考核中加以应用
产品最佳财务实践管理	能够在不同产品线中发掘产品财务管理的最佳实践，将最佳实践总结为案例，并形成方法、工具、模板。通过培训、案例、报告、经验推广等有效形式，从全流程的角度揭示问题、预警风险，获得产品线对财务管理的有效反馈，并从财务视角积极推动各个产品线改进落实，实现各产品线财务管理能力的全面提升

2. 智能增强

在产品财务管理方面，单纯从财务的角度来说，能够实现智能增强的范围是有限的。在产品规划和投资方面，基于今天的信息条件，更为广泛的数据和信息获取能够帮助我们更加有效地模拟预测产品未来的经营情况。

在产品最佳财务实践的推广方面，可以尝试着使用一些新的技术手段来加强培训的效率和效果。在传统模式下，通常需要通过开发课程、面授推广的方式来传播最佳实践。而在今天，我们可以考虑采用更丰富的形式，如网络直播、碎片化学习等，借鉴新的学习模式的优点。

物联网的发展使我们能够更好地跟踪实体化产品的市场投放数据，通过经营分析获得如产品的使用情况、用户的反馈情况等更有价值的数据。

相比财务本身来说，业务财务更需要关注的是企业产品本身在智能化领域的发展。对于产品财务经理来说，需要能够紧跟智能时代的新技术与企业自身产品的结合情况，能够对涉及智能技术的新产品实现优化资源配置判断，能够应用智能技术建立新的产品规划和投资的财务评价模型，构建和传统产品评价同样的标准，而不是在智能时代完全无法理解业务部门的战略、规划和行动，财务需要成为业务的伙伴，而非拖累。

（二）营销财务管理

1. 框架详解

营销财务管理框架详解，如表5-3-2所示。

表5-3-2　营销财务管理框架详解

项目	说明
商务合同财务管理	能够提供商务合同准备和签订过程中的财务管理支持，帮助业务团队基于商务资源投入进行快速的合同成本评估，帮助业务部门建立合同报价模型，评估不同商务合同设计对财务指标的影响，帮助业务部门进行商务合同决策
营销及销售费用管理	能够对营销及销售环节的费用投入展开有效的预算、执行控制、分析等财务管理行为。能够针对营销或销售活动，以类项目方式设定资源投入的目标，并基于目标进行资源投放的过程管控，帮助业务部门提升营销及销售费用的使用效率
客户信用及风险管理	能够建立起完善的客户信用及风险管理制度体系，主动进行客户资信调查，建立客户信用评价模型，帮助业务部门进行客户筛选、信用政策制定、合同保障、账款跟踪、催收管理、危机处理等，为信用管理全生命周期提供财务支持
竞争对手财务及经营信息管理	能够帮助业务部门建立起财务竞争情报的分析能力，获得与企业销售市场相关的财务及经营指标数据，获得企业主要竞争对手的财务及经营指标数据，建立起竞争情报支持系统、经营舆情系统

2. 智能增强

大数据技术是营销财务管理的重要助力，能够在营销及销售费用管理、客户信用及风险管理、竞争对手分析等领域发挥重要作用。

首先，在营销及销售费用管理方面，重点关注的是销售资源投放和效果达成的关系，如果能够管理好每一笔销售费用的投入产出，那么销售费用的投入就能得到很好的财务回报。在这一方面，我们可以充分利用大数据在相关性分析方面的优势，基于大量的企业内部历史销售费用投放的数据，以及市场上与企业销售活动相关的各方面的反应数据，获得销售费用投放方案与市场反应之间的相关性分析结果，从而将优质资源向市场反应积极的销售活动方案倾斜。

其次，在客户信用和风险管理方面，能够依托大数据技术更广泛地获取与客户相关的社会化数据，不再简单地依赖于客户公布的财务报告信息，而是将客户在社会化活动中所形成的广泛的数据纳入监控范围，基于广泛的客户行为信息、舆情信息，更及时、准确地评价客户信用，建立多视角、全方位的客户信用评价模型。

最后，在竞争对手分析方面，大数据能够帮助企业建立更加及时、有效的舆情监控系统。基于网络新闻、微信、微博等多种社会化媒体，新的舆情监控系统可以从文字、图片、语言、视频等获得全方位的信息输入，从而更早地发现市场和竞争对手的重要动态，帮助企业及早进行决策应对。

（三）供应链财务管理

1. 框架详解

供应链财务管理框架详解，如表 5-3-3 所示。

表 5-3-3　供应链财务管理框架详解

项目	说明
采购财务管理	能够有效地进行供应商的准入管理，对采购过程进行有效的财务成本和风险管控，提供采购流程的财务运营作业支持，提高采购流程中的财务运营效率，对采购活动提供有效的财务分析和决策支持
生产财务管理	能够积极主动地进行生产过程财务管理，建立完善的生产成本管理体系，深入生产的全过程进行成本计划、控制分析等活动。通过积极总结生产环境下的最佳财务管理案例，并加以推广应用，营造成本管理文化环境，推动生产成本优化创新
库存控制管理	能够推动和协助业务部门进行全供应链过程的库存管理，积极介入库存计划管理，帮助业务部门优化库存周转，提升库存利用效率。能够积极主动地进行库存价值管理

续表

项目	说明
配送物流财务管理	能够对企业供应链中的配送物流进行有效的财务分析和评价，帮助业务部门构建配送及物流成本模型，通过推动业务部门对路线、仓储、运输方式等物流要素的优化来进行物流成本优化
分销财务管理	能够对分销渠道展开相关的财务分析，从财务视角进行渠道的收入、成本管理，提高分销渠道信息的可比性，帮助业务部门优化渠道选择和渠道管理

2. 智能增强

供应链管理本身是一个相对成熟的管理领域。特别是在 ERP 系统出现后，企业的供应链管理能力得到了大幅度的提升。在智能技术方面，物联网技术将为此领域财务管理能力的提升提供潜在的机会。

在物联网技术快速发展后，越来越多的企业使用物联网来跟踪其供应链的全过程。从原材料到在产品、产成品，直至后续产品的库存、配送物流及客户使用，物联网能够跟踪到每个环节的大量位置信息。对这些信息的获取，能够让我们及时获得清晰的物料及产品的库存、流转、物流情况。其一，供应链财务能够利用这些信息替代盘点，甚至也能为相关的会计核算提供更好的自动化支持；其二，能够利用这些信息优化库存价值管理，减少呆滞库存的出现；其三，配送物流数据信息对于优化配送物流成本也有重要的作用。

在未来，物联网信息和财务的有机结合势必会改变供应链财务的管理模式。此外，在采购管理方面，通过将采购财务管理前置于业务处理，能够实现更好的管理效果。如采用类电商的模式在企业内部推动采购管理，能够实现整个采购过程的透明化和自助化，更好地推动业财全流程的融合。

（四）项目财务管理

1. 框架详解

项目财务管理框架详解，如表 5-3-4 所示。

表 5-3-4　项目财务管理框架详解

项目	说明
研发项目财务管理	能够以研发项目为单位进行全过程的财务管理。在项目立项前，进行研发项目立项的财务评价。在项目立项后，设立项目财务目标，进行项目的概算、预算、核算、决算的"四算"管理。重点关注研发项目的设计成本管理、研发材料管理、研发费用管理、研发效能管理等专题领域
市场推动项目财务管理	能够针对市场推动型项目，设定清晰的项目目标及评价标准，对市场推动进行有效的预算管理，建立起立项、兑现、动支和报销的全过程项目财务管理重点，关注市场推动的效果，达成相关的财务分析
售前/销售项目财务管理	能够对售前项目、销售项目建立完善的预算审批制度，严格控制项目费用的执行与使用。重点关注佣金、手续费的投放管理，基于销售活动的特殊性，管控销售活动中的财务道德风险
工程项目财务管理	针对工程项目的复杂性，配置专业化的工程项目财务团队，以工程项目专业知识为基础，完善项目的概算、预算、核算、决算的"四算"管理。重点关注工程项目中的工程资金管理、工程物资管理、工程成本管理等重要财务管理环节
实施交付项目财务管理	能够根据实施交付项目的特点展开完善的财务管理支持，针对实施交付项目中的人力资源投入计划展开相关的财务成本管理。重点关注项目延期交付和范围溢出导致的成本失控风险
管理支持项目财务管理	能够对企业内部的各类管理支持活动的配套项目积极主动地进行财务管理，在项目立项过程中应设立财务评价标准，设定项目的投入产出目标，加强项目过程中的成本支出和目标达成的匹配分析，在项目完成后进行相应的财务评价和考核，优化项目的目标达成效果

2.智能增强

实际上，针对项目管理，我们更建议推动其系统化建设，针对不同类型的项目建立差异化的前端业务管理系统。将财务与业务紧密结合的部分内置于前端项目管理系统中，而针对项目财务管理通用的部分，则可以考虑建立统一的项目财务管理平台，对接各类前端专业化项目的业务管理系统，打通业财壁垒。

与项目相关的业务及财务系统的建立尽管并不高度依赖于智能化技术，但对于很多企业来说，这项工作仍然是企业财务信息化建设中的薄弱环节。基于现有的信息化技术，实现项目过程的信息化管理是很多企业的当务之急。

二、智能核算：支撑业财高度融合的统一会计引擎

（一）会计引擎的基本原理

简单地理解，会计引擎可以看作是将业务系统语言转换为财务语言的翻译器。对于一个翻译器来说，如果要让它运转起来，首先要能够实现语言的输入，然后基于所输入的语言，通过一系列的语法分析及规则转换，将其形成新的语言再输出。当然，这里所讲的翻译是基于文本信息的，如果是基于语言的处理，那么最大的难点将转变为在输入环节如何让计算机能够听懂且理解人类的语言，并将这些语音信息转换为文字。

我们可以参考类似的方式，用会计引擎来解决问题。首先，需要从各业务系统中获取业务系统数据的输入。在这个过程中，我们必须意识到，会计凭证是企业各类经济活动结果的反映。在这种情况下，能够支撑进行财务语言转换的前端业务系统的涉及面也必然是广泛的。当建立了业务系统与会计引擎之间的数据接口后，就形成了类似于翻译器的语言输入过程。接下来，要做的事情是语言的转换。对于会计引擎来说，需要建立一套类似于翻译器中词汇映射和语法映射的规则转换机制。也就是说，要建立业务数据向会计凭证转换的系统规则。

当然，这里有一点和翻译器是不一样的。对于翻译器来说，不管输入什么，都需要被动地接收，并转换为另一种语言进行输出。而对于会计引擎来说，首先是基于会计凭证的数据构成规范来判定需要什么输入，对形成会计凭证无用的数据，根本就不会考虑作为输入。在这种情况下，业务系统根据会计凭证的数据需求提供数据输入，经过预先设定的业务语言向会计语言转换的规则处理后，形成"准凭证"。所谓的"准凭证"是会计引擎处理后所形成的预制凭证，由于还没有进入总账系统，故被称为"准凭证"。准凭证进入核算系统后，形成正式的会计凭证，最终完成语言输出的过程。

（二）统一会计引擎

统一会计引擎和传统会计引擎相比，核心就在于"统一"两个字。当前，多数会计引擎都搭建在其他财务或业务系统中，以一个模块的形式存在；稍微好一些的，也就是在专业系统中圈下一块地盘，形成一个相对独立的子系统。而这里所说的统一会计引擎则是希望能够打破其寄生系统的束缚，从各个系统中独立出来，形成一个专业化的系统平台。通过这样的一个平台，形成一个多语言翻译器。也就是说，统一会计引擎的一端对接企业内所有业务系统和专业财务系统，以获得信息输入，另一端对接会计核算系统和管理会计系统，以生成会计凭证并实现财务分析。

（三）智能化下的统一会计引擎

尽管我们意识到统一会计引擎的建立难以一帆风顺，但同样看到它建立后所带来的价值。今天，随着智能化技术的进步，还有可能在建立统一会计引擎的过程中更进一步，借助智能化技术提升统一会计引擎的性能。

如同翻译领域对智能化技术的应用，统一会计引擎可以考虑适当地应用机器学习技术来辅助完善翻译器的翻译规则，即会计引擎的凭证转换规则。在建立统一会计引擎时，通常将优先基于所积累的经验来设计规则，但面对多行业及全场景的复杂性，仅仅基于经验是不够的。机器学习技术通过对标签化业务信息的输入和学习训练后，能够更高效地提炼转换规则，提升会计引擎在面对新问题时的处理能力。另外，应充分利用区块链技术。如果能够在业务系统、专业财务系统、核算系统之间搭建分布式底账，那么将为提升会计引擎转换结果的可追溯性带来极大的帮助。

我国尚处于统一会计引擎建立的探索和尝试阶段，但其在大型多元化集团的落地应用并不遥远，未来出现面向社会提供服务的低成本甚至免费的、开放式的统一会计引擎平台也并不是空想，而智能化技术在开发统一会计引擎平台上也能够发挥更大的价值。

第四节 共享服务创新

一、财务共享服务框架详解及智能增强

财务共享服务模式在国内是 2005 年左右兴起的，尽管这个时候西方国家对财务共享服务的应用已经日趋成熟，但作为后来者，我国的财务共享服务发展呈现出逐渐加速的趋势。在最近五年中，财务共享服务的热度飞速上升，已然成为国内大中型企业财务组织的标配。

在这个过程中，财务共享服务中心从设立到运营全过程的管理水平都在快速提升，到今天已经形成了相对完善的财务共享服务管理框架，并在政府、企业、高校和各类协会组织的共同推动下，逐渐成为国内财务共享服务中心特有的管理模式。

（一）财务共享服务中心设立管理

1. 框架详解

财务共享服务中心设立管理框架详解，如表 5-4-1 所示。

表 5-4-1 财务共享服务中心设立管理框架详解

项目	具体内容
财务共享服务中心立项	能够站在企业立场，充分评估财务共享服务中心设立对企业经营发展所带来的不利影响，客观评价财务共享服务中心的投入产出情况、匹配和适应情况、变革管理的难点及应对措施。能够在判断财务共享服务中心建设对企业有利后，积极推动管理层和各相关方的认可，并获取充足的资源，支持后续的中心设立。
财务共享服务中心战略规划	能够站在战略高度对财务共享服务中心展开规划，如总体模式的选择，包括定位、角色、布局、路径、变革管理、组织、流程、服务标准、系统及运营平台、实施等规划内容。

续表

项目	具体内容
财务共享服务中心建设方案设计	能够在财务共享服务中心建设启动前进行充分的建设方案设计，包括组织、人员、系统、流程、运营、制度等方面。方案应能够涵盖框架和详细设计，并在最终落地方面做好充分的工具设计准备
财务共享服务中心实施	能够有效地组织项目，展开财务共享服务中心实施工作。制定合理的实施计划，有序推进组织架构和岗位设立、人员招聘及培训、系统搭建及上线、流程设立及运营等各方面工作，实现财务共享服务中心从试点到全面推广的实施落地
财务共享服务中心业务移管	能够在财务共享服务中心设立后，有效地推动业务从分散组织向财务共享服务中心的转移，通过推动签订服务水平协议、业务分析、流程标准化及操作手册编写、业务转移培训、业务中试和最终正式切换，实现移管目标

2. 智能增强

在通常情况下，管理层都会要求财务共享服务中心的设立具有一定的前瞻性和预测性。从十多年前开始，财务共享服务中心的建立本身就具有强烈的创新特征，我们需要向管理层阐明所采用的技术手段能够达到当前的市场水平或竞争对手水平，并能够对企业自身的管理带来提升。很多企业在这个过程中也同步进行了与支持财务共享服务相关的信息系统建设，但总体来说，并没有超出当前互联网时代的技术水平。今天，在财务共享服务中心建设过程中，无论是进行立项还是规划都必须考虑到即将到来的智能革命对财务共享服务的影响。

基于信息系统的高度集成，数据信息能够自由获取。基于规则的自动化作业辅以人工智能作业的新的共享服务模式正在到来，也会在不久的将来逐步取代当前基于大规模人工作业的共享服务模式。实际上，这一进程一直在进行，只不过受限于技术手段和数据质量，我们所能感受到的仅仅是优化性的进步，如一些跨国外包公司热衷于RPA（机器流程自动化），就是在积极进行自动化替代人力的尝试。

因此，今天我们在建立共享服务中心的规划过程中，必须充分考虑到未来智能化技术对财务共享服务中心的影响，为当前财务共享服务中心的建设留下向智能化进行转型和拓展的接口。同时，我们必须认识到智能化很可能在最近数年中出现爆发式的技术发展，财务共享服务中心必须有充分的认知准备，紧随技术进步，及时调整自身的运营策略，切换至智能化运营平台，以维持当前建立财务共享服务所带来的竞争优势。

（二）财务共享服务中心组织与人员管理

1. 框架详解

财务共享服务中心组织与人员管理框架详解，如表 5-4-2 所示。

表 5-4-2　财务共享服务中心组织与人员管理框架详解

项目	说明
财务共享服务中心组织职责管理	能够基于业务流程清晰地梳理各环节所涉及的工作职责，并针对这些工作职责设置相匹配的岗位。在此基础上，通过提取汇总分散于业务流程中的岗位工作职责，形成财务共享服务中心的核心岗位职责
财务共享服务中心岗位及架构	能够清晰地定义财务共享服务中心在整个财务组织中的定位，明确其与现有财务部门之间的定位关系及职责边界。能够清晰地设计财务共享服务中心的管控关系，并基于岗位职责和管控关系搭建财务共享服务中心的组织架构及各架构层级的岗位设置。岗位设置应当能够做到不重不漏
财务共享服务中心人员招聘	能够对财务共享服务中心的人员编制做到及时的跟踪预测，在人力产生潜在空缺可能时，能够及时展开人员招聘活动，通过合理的招聘周期规划，在人员缺口出现时及时进行人力补充。能够积极地拓展多种招聘渠道，建立与高校的紧密联系。能够建立面向同城其他财务共享服务中心的招聘渠道，必要时设置专业化的招聘岗位，或者获得 HR 招聘团队的有效支持
财务共享服务中心人员培训及发展	能够建立完善的人员发展体系，针对财务共享服务中心的人员特性设置与传统财务差异化的职业发展通道，实现在相对较短职业周期中的快速发展和及时激励。能够针对财务共享服务中心的人员特点设置有针对性的人员培训体系，高效提升运营人员的产能，并积极拓展员工的综合能力，以提高其主观能动性
财务共享服务中心人员考核	能够设立针对财务共享服务中心不同层级、类型的人员绩效考核体系。能够基于绩效考核体系推动财务共享服务中心运营效率的提升、成本的降低、质量和服务水平的提升。同时，能够维持并激发各级人员的创新能力

续表

项目	说明
财务共享服务中心人员保留	能够积极主动地针对财务共享服务中心的员工进行工作状态评估，对有潜在离职风险的员工及时主动进行沟通，通过主动的行动实现人员的保留。同时，能够长期将财务共享服务中心的人员流失率控制在合理水平

2. 智能增强

智能时代的到来，对当今财务共享服务中心的组织与人员管理提出了不一样的要求。

首先，从组织职责及架构设置来看，今天的财务共享服务中心在传统职能的基础上，必须考虑一些用于自我变革的职能。实际上，有不少财务共享服务中心还在纠结是否要用自动化来替代人工，并顾虑因此对现有团队利益的影响。事实上，与趋势逆行是不可取的，我们应当在当今的组织中一方面继续针对传统的集中化人工作业模式展开运营的提升，另一方面应当设立创新科技组织，积极主动地展开自我颠覆。通过应用新技术，主动降低对人力的依赖，从而在这场变革中掌握主动。

其次，对于这一变革时期的人员管理，要充分做好应对自动化带来人力释放影响的准备工作。将分散的人员集中起来是一场变革，在这个过程中，我们已经经历了一次减员的挑战。而今天，把集中在财务共享服务中心的人力再消化掉是另一场变革。这一次，我们应当在人员的职业发展上有针对性地考虑未来智能化的影响，提前做好人员的非共享技能培养，以帮助部分人员在智能化过程中逐渐分流至其他岗位，从而减少刚性人员裁减带来的剧痛。

最后，在人员的考核上，应当更多地关注人员创新能力的提升。传统的财务共享服务模式过于强调效率，这使财务共享服务中心的员工并不热衷于使用新技术来改造现有的工作模式，而更倾向于一个稳定的工作环境，这对财务共享服务中心适应智能时代的发展变革要求是不利的。多一些主动的求变精神是智能时代财务共享服务的必由之路。

(三)财务共享服务中心流程管理

1. 框架详解

财务共享服务中心流程管理框架详解,如表 5-4-3 所示。

表 5-4-3　财务共享服务中心流程管理框架详解

项目	说明
财务共享服务中心流程体系定义	能够基于企业所处的行业特征,识别自身的全面的会计运营相关业务流程并搭建业务流程体系,对业务流程进行清晰的分类,定义流程子集。能够完整地识别、定义业务流程场景,并建立流程场景与流程的映射关系
财务共享服务中心标准化流程设计	能够基于业务流程体系展开财务共享服务中心的业务流程设计,标准化的业务流程体系应当能够清晰地定义流程的输入、输出、执行标准、质量标准、匹配的流程场景等关键信息。能够通过流程图、流程描述等方式进行流程展示
财务共享服务中心标准化流程维护和执行监控	能够建立财务共享服务中心业务流程体系的维护和执行监控制度体系,有相应人员关注流程的日常维护,并定期针对业务流程的执行情况进行评估检查。能够针对流程中的执行问题采取及时的行动,对流程进行修正
财务共享服务中心流程持续改进	能够建立起业务流程优化和持续改进的机制,营造有效的流程优化氛围,鼓励各级员工提出优化建议,并能够建立起建议的评价和采纳机制。对于所采纳的优化建议,能够设立项目团队进行积极推进。此外,不定期地开展流程优化检视活动,主动发现优化机会也是十分重要的

2. 智能增强

业务流程优化是财务共享服务管理中极其重要的主题。在传统的流程优化过程中,我们试图通过对流程环节的挑战、运营方式的转变来找到优化机会。当然,财务信息化在这一过程中也发挥了重要作用,高度的业务系统和财务系统的对接,以及专业化的财务共享服务运营平台的建立,也大大提升了财务共享服务的流程效率。

智能时代的到来，也让我们对流程优化有了更多的机会。如机器流程自动化技术成为人们关注的热点，它通过在全流程过程中寻找流程断点和人工作业的替代机会，在很多企业业务流程优化陷入瓶颈后，再次提升了流程自动化程度。

更值得期待的是，财务共享服务业务流程将伴随着基于规则的初级人工智能的应用，以及基于机器学习的人工智能的到来而获得更多的改进机会。在新技术的影响下，现有财务共享服务的流程会先从多人工模式转向"人智结合"模式，并最终迈向智能化模式。在这个过程中，业务流程的优化和改变并不是一蹴而就的，它会伴随着技术的逐步改进，并最终实现从量变到质变的转换。

同时需要注意的是，智能化对财务共享服务业务流程的影响是端到端的。也就是说，财务共享服务运营的输入流程也在变化中，而前端的流程智能化进程也会对财务共享服务后端的运营模式产生重大影响，很多时候，财务共享服务中心从人工向自动化、智能化转变，根本上就是前端流程直接带来的。

（四）财务共享服务中心运营管理

1. 框架详解

财务共享服务中心运营管理框架详解，如表 5-4-4 所示。

表 5-4-4　财务共享服务中心运营管理框架详解

项目	说明
财务共享服务中心绩效管理	能够针对财务共享服务中心制定完善的绩效评价标准，设定相应的 KPI，并进行有效的管理考核。财务共享服务中心的绩效标准应能够进一步细分至各业务团队，并最终落实到每个员工
财务共享准入管理	能够针对财务共享服务中心设立业务准入评估模型，对于服务对象的共享需求能够展开准入评估，判断其是否符合财务共享服务的运营特点，并予以纳入共享。必要时需要建立独立于共享中心与服务对象的准入评估机构，以实现对难以达成共识的准入事项的评估
财务共享 SLA 及定价管理	能够针对纳入共享服务中心的业务产品，定义共享服务中心与其服务对象之间的服务水平协议。服务水平协议应当对服务双方均能进行有效约束，规范服务对象的输入标准，规范共享服务中心的产出标准。基于服务标准，结合财务共享服务中心的成本能够设定公开透明的内部转移价格

续表

项目	说明
财务共享管理人员管理	能够对财务共享服务中心的管理团队展开有效的培养及管理，有效评价管理团队的管理能力，及时优化管理团队的人员构成，建立起有效的管理团队成员的选拔和晋升机制。同时，需要建立必要的考核和淘汰机制，针对关键岗位建立必要的轮换机制
财务共享风险与质量管理	能够针对财务共享服务中心建立风险管理和质量管理机制，积极推动RCAS（区域信用管理系统）、KRI（关键的风险指标）、重点风险事件管理等操作风险工具在财务共享服务中心的应用，积极推动全面质量管理、六西格玛管理、精益管理等质量管理工具在财务共享服务中心的应用，构建良好的风险和质量文化环境
财务共享"服务"管理	能够对财务共享服务中心的服务管理建立科学、专业的管理体系，构建清晰的服务方法、服务工具，对财务共享服务中心的服务满意度水平进行有效的衡量，并积极推动服务优化，提升服务对象的满意度
财务共享信息系统管理	能够积极推动财务共享服务中心作业相关信息系统的优化和改进，主动提出改进和优化业务需求，并配合信息系统管理部门共同实现对信息系统的优化提升

2. 智能增强

对于财务共享服务中心的运营管理来说，不少财务共享服务中心还停留在依靠人工进行管理分析的状态。因此，提升财务共享服务中心的运营管理水平，首先应当提升运营管理的基础信息化水平。

在提升基础信息化水平方面，可以借助信息系统实现绩效指标的管理，并应用于绩效看板和绩效报表。在准入评估方面，可以进行系统化的评估流程执行，并将评估模型系统化。在SLA（服务水平协议）和定价方面，能够基于系统进行SLA各项指标的计算和出具报告，并据此结合定价标准进行测算，然后出具各服务对象的结算报表。在风险管理方面，能够将RCSA、KRI及重大风险事项管理三大操作风险管理工具系统化，并应用于财务共享服务中心。在质量管理方面，能够将质量抽检、质量结果反馈、质量报告出具等质量管理过程系统化。在服务管理方面，能够构建邮箱及热线系统，以支持客户服务的专业化。

在智能时代，我们能够在上述信息化手段建立起来的基础上，引入大数据技术，提升对财务共享服务中心在绩效分析、风险发现、质量评价、服务跟踪等方面的深入管理，依托更为丰富的数据输入，提升财务共享服务中心运营管理的层次。

二、财务众包

众包的出现与财务领域和智能时代的来临有着密不可分的关系。在人工智能和财务共享服务中心的人力替代战争中，众包是机器作业的前置补充之一，它正在和人工智能一起面向传统财务共享服务模式发起进攻。

（一）众包

众包是指一个公司或机构把过去由员工执行的工作任务，以自由自愿的形式外包给非特定的（而且通常是大型的）大众网络的做法。众包模式和传统的运营作业模式存在显著差异，并具有任务颗粒化、技能低门槛、时间碎片化、组织网络化和收益实时化五个特点。

1. 任务颗粒化

众包可以说是劳动分工更为深化的应用场景。如果说劳动分工理论把一个复杂的业务处理推动为流程化、分环节作业的模式，那么众包模式就进一步将工作任务化，达到了更细的颗粒度。

2. 技能低门槛

任务高度颗粒化带来的直接好处就是任务的复杂性得到降低，每一个小的任务颗粒对技能的要求将大大小于组合起来的一个完整的流程环节对工作技能的要求。这使社会上大量并不掌握复杂技能的普通人员能够参与到众包的工作中来，并且使用极低的成本来完成相关工作。

3. 时间碎片化

在传统的流程管理中，往往需要整块的时间来完成某一项工作，而且流程中间多数是串行关系，要求工作时间具有连续性。而在众包模式下，任务颗粒化后会出现越来越多的在同一时间内的并行任务，从而对时间连续性的要求有所下降，形成任务处理时间的碎片化。因此，可以由互联网上的众多个体在同一时间并发完成多种类型的任务。

4. 组织网络化

当技能门槛降低、任务颗粒化且时间碎片化后，众包的人员组织形式可以实现网络化。众包会有大量的社会化资源参与，形成网状的任务交付结构，最后由任务的发包方完成这项任务的流程化组装和应用。

5. 收益实时化

对于众包网络中完成任务的个体来说，由于单个任务的收益很小，实时的收益计量是其持续参与的核心动力。收益实时化并不是要求随时支付，而是可以实时告知作业用户获得了多少收益，定期进行结算。

（二）实现财务众包的措施

由于众包是新兴的创新模式，从方法到技术平台各方面均存在挑战，要成功实现众包模式的落地，需要在前期有严谨的思考和设计，方能达到预期的效果。下面从众包的业务内容、技术平台以及运营模式三个方面来谈谈如何实现众包模式的落地。

1. 确定可众包的业务内容

在评估是否可以众包的时候，有几个原则需要加以考虑。

第一，业务是否能够进行充分的标准化乃至颗粒化。复杂的业务没有办法让技能单一的社会参与者进行处理，必须进行颗粒化拆分，而能够拆分的前提就是可以标准化。

第二，任务必须不存在信息安全隐患。众包的对象和信息的流转渠道是完全不受控制的，所以发包信息必须不存在信息安全的强要求，否则会产生风险。

第三，对于时效的要求有适度的容忍性。众包需要有派工、等待、双人核验等过程，如果等待超时还要有二次分派的过程，尽管可以对时效进行一定的管控，但如果对时效要求极高则不适合进行众包。

基于以上分析，在财务流程处理中有哪些业务内容可以考虑纳入众包的范围呢？以费用审核为例，如果从人的动作的角度来看，审核过程可以分解为"信息的读取"加上"和既定规则的比较"。"和既定规则的比较"属于技术含量较高的部分,并不适合众包处理,在未来需要更多基于人工智能的机器审核来完成。

从可操作性上来说,"信息的读取"可以考虑作为众包的核心内容。它能够满足上文中所提到的标准化和颗粒化的要求,由于对人的技能要求不高,更适合采用众包模式,而这个环节的产出也可以作为智能审核的数据基础。在实践中,标准发票、企业结构化单证中涉及的科目和金额,如在风险控制线内,则可以采用众包模式来进行信息录入。

2. 众包技术平台的搭建要求

在具体实操的过程中,需要有技术平台来支持众包业务。在具体的技术平台设计上,应考虑以下特点要求。

(1)技术平台具有高稳定性

由于是面对大用户量的平台,因此需要能够在大开发下高效率响应。此外,由于每个任务都是颗粒化的,单任务处理的周期短,任务会频繁地被分发和回收,这进一步加剧了性能压力。因此,要充分考虑平台的稳定性。

(2)技术平台具有高安全性

由于在平台上直接处理的是财务单据信息,虽然是碎片化分割出去的,但一旦发生数据泄露,大量碎片的再组合就会出现完整的、有价值的商业信息。因此,平台需要在安全性上给予很高级别的考虑。

(3)技术平台具有高易用性

在平台上从事作业的人员技能水平不高,如果平台操作复杂,则多数用户会难以适应,甚至根本无法开展工作。因此,在设计平台时需要尽可能做到傻瓜式设计,降低上手难度,使平台上的作业轻松愉快,而非充满挑战性和复杂性。

(4)技术平台需要兼顾PC端和移动端

参与众包的用户,一类是以此为主要收入来源的固定用户,每天会处理大量任务,极其追求作业效率,此类用户适合使用PC端作业;另一类是以娱乐和赚取零花钱的心态参与众包的非固定用户,考虑到此类用户碎片化作业的需求,更适合使用基于APP或微信小程序的移动端作业。

3.众包技术平台的核心功能

在明确了众包平台所具有的技术特点后,我们再来看一下众包平台在功能层面的主要考虑要点。

(1)任务拆分和组装的功能

在通常情况下,众包平台并不是任务的源头,需要从其他系统中导入任务。进入平台的任务是整件业务,需要在平台中进行拆分,并建立关键索引,后续派工基于拆分后的碎片任务进行,作业完成后,需要在平台中进行进一步的任务组装,组装时基于任务拆分时的关键索引进行。

(2)任务分派和调度的功能

平台不适合进行主动式任务推送,因为我们并不知道众包平台用户现在是否有意愿进行任务处理。所以,平台的任务分配采用主动提取式。主动提取后的任务需要设置基于时间的调度管控,由于用户很可能在提取任务后因为突发情况或者主观意愿,放弃了对当前任务的处理,这就需要对所有任务设置倒计时管理,在计时结束后对没有完成的任务进行取回重新分配。

(3)多人作业核验的功能

由于作业质量无法按传统模式进行流程化质量检查,因此需要在机制上做特别的设计,常用的模式是双人作业、系统核验,就是将同一个任务同时分派给两个不同的作业人。如果作业结果一致,则认为任务质量是合格的;如果不一致,则引入第三人作业,其作业结果与前两人的作业结果比对,如果一致,则以一致结果为准,否则转入问题处理。

(4)计费和结算的功能

由于要对社会上零散人员进行计费和结算,这就需要基于任务来定义计费单位,如录入类任务可按字节计费,审核任务可按复杂度和页数来综合计费。无论采用何种方式,都要保证计费依据客观、可度量。系统根据数据自动计算用户作业绩效,并自动结算。此外,可考虑支持网络结算。

(5)用户和用户能力管理的功能

平台用户量大,需要进行必要的身份验证,如身份证核验、技能证书核验等。

此外，需要建立基于作业质量、信用、技能等的综合模型，对用户进行分类分级管理，允许晋升用户的级别。

4. 构建众包的运营模式

有了技术平台后，再结合科学的商业运营模式，可以正式实现众包模式的落地。在通常情况下，众包的运营模式从目的的角度可以分为两大场景：一种场景是以参与方的身份，从解决自身人力需求出发，希望将众包模式作为工具来应用；另一种场景是以运营方的身份，将自身转型为服务平台，为更多的企业提供众包服务。两种不同的身份在众包运营中的考虑和模式是显著不同的。

（1）作为参与方身份的运营模式

作为参与方，重在使用和利用好众包。因此，参与方只需要专注于如何推广众包平台，将用户吸引到平台上来进行作业，并且保持稳定的质量水平。在这个过程中，主要需要考虑以下几点：宣传推广众包平台；找到恰当的定价水平；加强平台用户的黏性。

（2）作为运营方身份的运营模式

作为运营方，需要完全覆盖参与方的角色。上文中所谈及的参与方的各项运营要点，在运营方这里都要做到，甚至要做到更好。而在这一基础之上，运营方还需要管理好任务的来源。对于运营方来说，最重要的是要让平台变成中介，能够在平台上导入大量的任务，同时有大量的资源来承接运营任务。如果要向众包平台上的大量企业客户发布任务，则需要做好以下几项运营工作：吸引企业客户进驻平台；面向企业客户提供稳定高效的系统对接服务、专业化的服务支持以及丰富的数据支持。

三、人机协同

（一）财务共享服务中心的人机协同智能化

人工智能作为新兴技术，与财务共享服务场景的融合并不是一件容易的事情，要想一步实现智能化，实现机器替代人工作业似乎并不可行。在大量实践基础的积累之上，一种变通的思路被提出，即基于人机协同的智能化，让财务共享在智能化之路上实现质的突破。在人工与机器自动化相结合的条件下，借助 OCR（Optical Character Recognition，光学字符识别）、网关、风险分级引擎、规则引擎所构建的人机协同智能共享技术成为过渡阶段一种具有落地性的选择。

1. 数据采集的人机协同

要实现财务共享的智能化，首先要解决的是原始凭证如何数字化的问题。遗憾的是，当前财务原始凭证的结构化水平严重不足，在营改增之前，我国的发票种类繁多，要想获取发票中的信息，更多的是靠财务共享作业人员逐张审视。这种状况在这两年得到了改善，随着营改增的推行，越来越多差异化的发票样式向增值税专用发票和普通发票统一，使我们有机会采用新的方式来处理原始凭证。OCR 技术在这一领域被积极地运用。

事实上，利用 OCR 技术提取发票信息的实践一直在进行着，但如上文中所说的，在原始凭证特别是发票种类繁多的时候，使用 OCR 技术的难度是很高的。由于现行的 OCR 技术主要还是基于模板配置的方式来进行采集准备的，这使模板开发和优化的工作量巨大，再加之识别率的不足，使不少尝试胎死腹中。但随着发票样式的统一，这一模式再次被提上议程，基于 OCR 技术，针对增值税专用发票和普通发票的定向优化，能够将识别率提升到可接受的水平。

但我们必须认识到，100% 的 OCR 识别率是难以做到的，这使全自动化的最后一步难以迈出，在这种情况下，人机协同模式的出现打破了僵局。通过在流程中植入 OCR 后的人工补录流程，让我们能够以较小的代价来实现全信息的数字化。通过实践看到，人机结合的 OCR 采集模式充分利用了识别技术的优点，也克服了阻碍最后一步的难题。当获取了完整的信息后，下一步的自动化机会豁然开朗，并呈现在我们的眼前。

2. 共享派工的人机协同

在缺少数据支撑的情况下，财务共享服务中心在作业时通常是采用随机派工的方式，通过强制分派或者抢单的方式来实现作业任务的分派。这种方式的优点在于能够带来任务分派的公平性，减少不必要的协同问题。但也存在不足，采用随机分派的方式，忽视了不同任务之间风险水平的差异，也忽视了共享作业人员之间能力的差异。

当我们尝试去正视这个问题的时候，会发现，如果能够将任务的风险水平与员工技能水平匹配，就会获得收益。这种收益来自风险更高的任务，由技能更强的员工来进行处理，从而提升了管控风险的能力，而低风险的任务交给系统或者低水平的员工来进行处理，进而降低了成本。这打破了现行共享服务主流的大锅饭模式。而当我们能够使用计算机进行自动的信用与风险分级后，再结合相匹配的人工作业，就实现了另一种方式的人工协同。

当然，要做到这一点并不简单，最大的挑战是如何识别并定义每一个进入共享中心派工池的作业任务的风险等级。在原始凭证数据化之前，这是很难实现的，但随着数据采集人机协同的应用，我们获得了更为广泛的财务数据，在此基础上建立风险的分级模型，将任务分成不同的风险等级，并进行差异化的派工处理。但是在这个阶段，任务分级的模型算法更多的还是基于人员的作业经验，这在一定程度上限制了人机协同能力的最大化实现。

3. 共享作业的人机协同

共享作业的人机协同是最后一个环节，也是最重要的一个环节。在传统的财务共享服务模式下，共享作业任务的处理主要依靠作业人员掌握审核作业的规则要求后，进行人为的判断处理。这种处理方式虽然采用了劳动分工的科学管理方法，通过标准化降低了人工处理的难度，但是其背后仍然需要大量具有丰富经验的财务共享服务人员作为支撑。

在这种情况下，人们思考是否有更好的方式方法来进一步优化共享作业模式？对于利用系统进行自动化处理的探索也一直在进行着。但受制于前端数据的不足，以及系统进行自动化处理的工具局限性，这一尝试的进展也是有限的。

随着原始凭证基于采集人机协同的数字化进程的推进，一种使用规则引擎进行自动化处理的人机协同方式被提出。在传统模式下，需要靠人记忆并执行的作业规则被进一步颗粒化，并被植入规则引擎中。规则引擎依靠丰富的数据输入及所设置的颗粒化规则进行批量审核作业，对于所有规则校验通过的任务，将免除人工处理；对于出现异常审核结果的任务，将转为人工处理。当然，这里的任务是指在上一环节中识别出的低风险任务，高风险任务仍然建议由人工处理。

在这个过程中，一个非常重要的概念是"规则引擎"。那么，规则引擎是如何架构的呢？规则引擎可以理解为一个业务规则的解析器，在这个解析器中，原本一个相对复杂的规则被拆分为相对简单、可定义的规则包。每个规则包都涵盖了数据输入、算法处理、输出反馈的过程规则。而且规则引擎允许我们定义大量的规则包，并将这些规则包管理起来协同运作，实现了将复杂的人工审核过程自动化处理。

这件事情说起来简单，但在实际开发规则引擎过程中需要克服几个困难问题。首先，需要让业务团队理解规则引擎中规则包的处理能力，也就是颗粒度。业务人员只有理解了这个概念，才有可能保证所拆解的规则颗粒是系统可实现的。其次，业务人员在理解规则包颗粒度的基础上，将共享作业规则进一步拆解和颗粒化。对于每一个拆解的规则都需要满足规则包所设定的可处理要求，不重不漏，是一个细致活。同时，这些规则高度依靠经验提炼，增加了对需求人员的依赖性。最后，是规则的系统化。实际上，不少规则引擎还难以做到完全由业务人员自主定义，通常还有不少复杂的规则包要通过开发来实现。这些规则包需要消耗大量的开发资源，而且如果没有建立很好的需求和开发文档管理，也会造成潜在的规则或算法风险。针对这些困难和挑战，我们也期待有更好、更灵活的规则引擎产品出现，使共享服务智能化的发展进入高速时代。

（二）未来财务共享的进一步智能化

人机结合模式的应用让我们在财务共享服务中心自动化、智能化的进程中找到了一个阶段性的过渡方法，但这并不是终点，一个好的平台应当尽最大可能地打掉人工干预的断点。通过技术手段，将人机协同进化为人工智能的闭环是未来的必由之路。人工智能技术高速发展，特别是机器学习领域的突破，帮助我们在OCR、风险分级和共享作业三个领域有了一定的突破。

1. 机器学习提升OCR识别率和识别范围

传统的OCR技术是基于一套设定的流程来执行的。首先，对于输入的图像需要进行预处理,如二值化、去噪、倾斜矫正等。其次,进行版面分析,将文档图片切分成一个个小的部分,对于发票来说,这种切分是可以基于发票的版面来进行预先设定的。最后,进行字符切割,将一个个汉字独立出来,并根据预先设立的字库对比来进行汉字识别。但这并不是最终的结果,还可以进一步基于语言上下文的关系来矫正结果,这被称为后处理。在这种模式下,识别率受到多种因素的影响,特别是在字库对比和后校验环节很容易出现问题。

基于机器学习的 OCR 方式,能够通过对大量带有特征值和结果标签的影像进行监督学习,就像做题一样,告诉 OCR 引擎题目和答案。通过大量训练后,机器学习能够自主找到提升识别率的优化算法,从而持续提升 OCR 的识别率。这种方法在针对同一性质的原始凭证进行大量的学习训练后,能够有效提升 OCR 的识别效果。语义学习在 OCR 的后处理环节同样能够发挥作用。基于机器学习进行持续的语义训练,能够帮助 OCR 在后处理时更接近人的思维逻辑,在几个模糊的、可能的选择中找到更正确的答案。持续的训练,同样能够提升后处理的精准度。

基于以上两个领域对机器学习的深入应用,能够不断提升 OCR 的识别率。同时,在一些传统 OCR 技术难以识别的领域,特别是手写体领域的识别将得以突破。事实上,在不少针对 OCR 机器学习的应用领域,已经出现了达到商用级别的产品。

2. 机器学习提升风险分级精度

在另一个领域,机器学习同样能够助力财务共享自动化水平的进一步提升。如上文中所说的,在传统技术下风险分级规则的设定是基于人的经验来总结的。这就必然会面对人的能力和经验的局限性,甚至很多时候,因为缺失相关经验,使这一动作直接被闲置。

对于风险分级来说,其核心逻辑是基于输入的数据信息,评价每一份原始凭证的风险等级。这一过程和金融行业的信用评价体系是有所类似的。当获得了大量的输入后,通过所设定的算法得到一个风险评价的结果值。

当机器学习被应用于这一领域后,可以考虑先通过人工积累大量的训练题库,由共享服务中心的作业人员基于经验规则设定风险级别。这个设定过程的最终结果，可能是很难靠人力完全抽象为模型的。但当积累了一定的人机协同作业下的题库后，能够引入机器学习引擎，对当下系统中植入的经验规则进行学习优化，从而将人机协同的人的部分进一步机器化，而这一转换比例将在持续学习的过程中不断提升，并最终提升风险分级的精度。

当然，对于风险分级模型的优化，还有很多需要同步进行的工作，如报账人关系网络的搭建，以及报账人、供应商信用体系的搭建等。

3. 机器学习实现作业规则的自我优化

机器学习的一个重要价值在于能够帮助我们实现共享作业规则的持续优化。和风险分级类似，在没有引入机器学习之前，我们通过规则引擎进行自动审核，而规则引擎中的规则是基于作业人员的经验提炼的。当基于规则引擎的人机协同模式获得了大量的历史题库后，同样可以基于机器学习引擎，优化和提升规则引擎中的规则，从而实现人机协同向高度自动化、智能化的转变。在财务共享服务中心，机器取代人工的进程已经启动，不是是否可以的问题，而是何时完成的问题。

参考文献

[1] 董皓. 智能时代财务管理 [M]. 北京：电子工业出版社，2018.

[2] 孙洁. 企业财务危机预警的智能决策方法 [M]. 北京：中国社会科学出版社，2013.

[3] 顾德军. 财务共享理论与实践研究 [M]. 合肥：合肥工业大学出版社，2019.

[4] 陈明灿，王娟，宋瑞. 大数据环境下的财务共享 [M]. 天津：天津科学技术出版社，2018.

[5] 陈虎，孙彦丛. 财务共享服务 [M]. 北京：中国财政经济出版社，2014.

[6] 卢家仪. 财务管理 [M]. 北京：清华大学出版社，2008.

[7] 周宇. 现代企业集团财务战略研究 [M]. 成都：西南财经大学出版社，2009.

[8] 王雁滨，苏巧，陈晓丽. 财务管理智能化与内部审计 [M]. 汕头：汕头大学出版社，2022.

[9] 李克红. 人工智能视阈下财务管理研究 [M]. 北京：首都经济贸易大学出版社，2021.

[10] 孔祥坤. 智能化时代财务管理及其信息化 [M]. 长春：吉林大学出版社，2018.

[11] 秦荣生. 我国财务共享服务的发展趋势 [J]. 财会月刊，2015（19）：3-5.

[12] 唐勇. 财务共享服务下传统财务人员的转型 [J]. 财会月刊，2015（19）：18-21.

[13] 徐义明，孙方社. 企业财务风险识别研究 [J]. 财会通讯，2015（17）：96-98.

[14] 欧阳征，陈博宇，邓单月. 大数据时代下企业财务管理的创新研究 [J]. 企业技术开发，2015，34（10）：83-85.

[15] 曹晓丽. 财务分析方法与财务分析中存在的问题 [J]. 财经问题研究，2014（S2）：73-75.

[16] 张金鑫，吴意，雷江明.中小企业财务管理存在的问题及对策研究[J].科技与管理，2013, 15（03）：116-119.

[17] 李付营.企业财务管理信息化建设分析[J].改革与开放，2010（16）：78-79.

[18] 宗桂云.浅谈企业财务报表分析[J].交通财会，2010（02）：79-82.

[19] 涂守才.企业财务分析存在的问题及对策思考[J].电子商务，2010（01）：66-68.

[20] 于新花.企业财务风险管理与控制策略[J].会计之友（中旬刊），2009（02）：23-24.

[21] 陈婧姝.H高校智能财务管理系统构建研究[D].长沙：中南林业科技大学，2021.

[22] 黎燕燕.BW集团财务智能化建设研究[D].桂林：桂林电子科技大学，2021.

[23] 赵艳花.基于ERP的H公司智能财务管理系统应用研究[D].银川：宁夏大学，2021.

[24] 李亚诺.酷特公司智能财务体系构建及应用研究[D].青岛：青岛大学，2020.

[25] 汪建.军工集团财务智能决策支持系统研究[D].北京：北京邮电大学，2011.

[26] 郑谦.电子商务背景下企业财务管理模式的构建[D].北京：财政部财政科学研究所，2015.

[27] 钱玲玲.电子商务环境下的财务管理研究[D].武汉：华中师范大学，2014.

[28] 王满.基于竞争力的财务战略管理研究[D].大连：东北财经大学，2006.

[29] 李胜.全面财务风险管理研究[D].湘潭：湘潭大学，2005.

[30] 张永丽.论企业财务风险的防范与控制[D].北京：首都经济贸易大学，2014.